高校体育教学与科学管理研究

朱　静　韩晓东　著

延边大学出版社

图书在版编目（CIP）数据

高校体育教学与科学管理研究 / 朱静，韩晓东著
. -- 延吉 ：延边大学出版社，2022.10
ISBN 978-7-230-04062-4

Ⅰ．①高… Ⅱ．①朱… ②韩… Ⅲ．①体育教学－教
学研究－高等学校 Ⅳ．①G807.4

中国版本图书馆 CIP 数据核字(2022)第 196100 号

高校体育教学与科学管理研究

著　　者：朱　静　韩晓东
责任编辑：乔双莹
封面设计：李金艳
出版发行：延边大学出版社
社　　址：吉林省延吉市公园路 977 号　　　　邮　　编：133002
网　　址：http://www.ydcbs.com　　　　　　E-mail：ydcbs@ydcbs.com
电　　话：0433-2732435　　　　　　　　　　传　　真：0433-2732434
印　　刷：天津市天玺印务有限公司
开　　本：787×1092　1/16
印　　张：10
字　　数：200 千字
版　　次：2022 年 10 月 第 1 版
印　　次：2024 年 3 月 第 2 次印刷
书　　号：ISBN 978-7-230-04062-4

定价：58.00 元

前　　言

随着新时期高等教育的迅速发展和素质教育的全面推进，高校体育教学被注入了新鲜的血液，成为深化素质教育和落实全面育人的重要突破口。高校体育教学对提高大学生综合素养，促进大学生全面发展有着举足轻重的作用。在高等教育改革日益深化的今天，与时俱进的、具有创新性的教学内容与教学方法层出不穷，它们对高校体育教学提出了更加严格的要求。

体育教学管理是高校体育教学的一个重要环节，在高校管理中具有重要的作用。加强高校体育教学管理，有助于促进高校体育教学活动正常进行，使高校体育教学改革的各项措施得以落实并取得良好的改革效果。为了强化体育教学管理效果、提升高校体育教学质量，笔者特撰写本书，希望为高校开展体育教学管理工作提供有价值的指导。

本书共八章。第一章阐述了高校体育教学的概念与特征、高校体育教学的构成要素及要遵循的规律、高校体育教学的多元功能、高校体育教学的时代使命等内容。第二至五章分别论述了高校体育教学内容、高校体育教学目标、高校体育教学方法、高校体育教学模式。第六章介绍了高校体育教学改革的相关内容，包括改革的迫切性、影响因素、趋势、路径。第七章对高校体育管理进行了论述，包括高校体育管理的原则、特点、机制、方法、策略等。第八章主要介绍了高校体育科学管理的具体内容。

本书在撰写过程中参考和借鉴了许多专家、学者的研究成果和观点，在此表示诚挚的谢意。另外，由于笔者时间和精力有限，书中难免有不妥之处，敬请广大读者批评、指正。

笔者

2022 年 9 月

目　　录

第一章　高校体育教学概述

第一节　高校体育教学的概念与特征

一、高校体育教学的概念

体育教学是众多学科教学的一种具体形式，要明确高校体育教学的概念，首先需要了解教学的概念，明确教学的概念是认识高校体育教学概念的基础与前提。

（一）教学的概念

"教学"是一种动态行为，是教学工作者对具体的学科或技能组合进行的一种有组织、有计划的教学行为，可以从宏观和微观两个角度理解教学的概念。

首先，从宏观角度分析，教学是一种特殊的教育活动，它是指教学者以一种或多种文化为对象，对受教者进行教育，以期让受教者获得这种文化的活动。其中的教学者是掌握某种知识或技能的人，他/她与接受教育的人共同构成教学的主体。

其次，从微观角度分析，教学是一种直观的教师进行教授和学生进行学习的活动，在这个活动中，教师是教学活动的组织者和知识传授者；学生是教学的"受众"和主体。简而言之，教学是一种以特定文化为对象的"教"与"学"的活动。

综上所述，可以认识到，教学是一种教育活动，这种教育活动需要教师和学生的共同参与，并为了实现某一具体教学目标而相互协作。

（二）体育教学的概念

学界流传着体育教学的"统一活动说"，认为体育教学是"教"（体育教师教授）

和"学"（学生学习）的有机结合，是二者统一的过程，强调体育教师在教学过程中重视学生的身心健康和各方面素质的全面发展。

教学体系内容丰富，包括语文教学、数学教学、音乐教学、体育教学、美术教学等。体育教学是教学体系的一部分，因此，在对体育教学的概念进行研究时也可以采用教学概念研究的方法，也就是从广义和狭义两个方面解释体育教学。广义上，以能者为师传授体育知识与技能及学生获得体育知识与技能的过程就是体育教学；狭义上，学校教育中为了培养体育人才，围绕体育知识、技能而开展的教学活动就是体育教学。

综合以上对教学与体育教学概念的论述，笔者将体育教学定义为在学校教学过程中，以体育教材为媒介，引导学生学习体育与健康知识、掌握体育技能、养成良好的体育锻炼习惯，以促进其身心健康发展的特殊教育活动。因此，高校体育教学就是指在高校教学过程中，以高校体育教材为媒介，引导大学生学习体育与健康知识、掌握体育技能、养成良好的体育锻炼习惯，以促进其身心健康发展和各方面素质全面发展的一项高等教育活动。

在高校体育教学过程中，体育教师的教学行为与学生的学习行为既相对独立又密切联系。教师与学生互动频繁，互动的方式有对话、合作、交流等。在密切互动的基础上，教师将体育教学内容传授给学生，学生在教师的引导下学习体育知识和技能。体育教学活动的效果与体育教学中的各个因素都有很大的关系，如教学主体（教师与学生）、教学媒介等，这些因素之间又有着密切的联系，只有将各因素之间的关系处理好，才能取得良好的体育教学效果，达到预期的体育教学目标。

二、高校体育教学的特征

（一）高校体育教学与其他学科教学的共性特征

高校体育教学与其他学科的教学都属于教学活动，它们之间有许多共同点，主要体现在以下三个方面。

第一，高校体育教学和其他学科的教学均是以班级为单位开展教学活动。在实际的教学过程中，班级的组成方式根据需要有所不同，如学生入学时组成的自然班，或根据学生的不同兴趣组成的单项班等。

第二，高校体育教学与其他学科教学的目的都是向学生传授某种知识或技能。

第三，高校体育教学和其他学科的教学都属于教师与学生的双边活动。教师与学生在教学活动中发生各种形式的交流，如语言上的交流和肢体动作的交流等。在传统教学中，这种交流更多的是单向交流，即教师→学生（教师传授给学生某种知识和技能），现代教学要求教师重视学生学习的主体性，将单向交流转化为双向交流。

（二）高校体育教学的个性特征

高校体育教学除与其他学科的教学有共性特征之外，还有其自身的独特性，也就是个性特征，具体表现在以下几个方面。

1.教学环境的开放性

体育教学主要是在室外进行的，目前，我国各级院校的体育教学多以体育实践课为主，体育教师组织的大多数体育课主要在学校操场进行。与其他学科主要是在封闭的教室、实验室等地方开展教学活动不同，体育教学的教学空间富有变化性，教学环境更加开放。

教学环境的开放性决定了体育教学具有不同于室内教学的特殊要求，因此，体育教师在开展体育教学活动时应注意以下几点：

第一，室外的体育教学是动态的，大部分的教学时间学生处在不断变化与形式多样的运动中，如果班级内的学生较多，教师可以采取分组教学。

第二，由于体育课多在操场进行，受到的干扰因素较多，如天气、地形、周边设施等，体育教学的组织管理工作愈加复杂，需要体育教师精心设计与统筹安排体育教学的组织形式、教学步骤与方法。

第三，由于一些学校的体育基础设施条件较差，容易导致学生在体育课上出现运动损伤的情况，因此体育教师应重视对学生开展安全教育。

2.教学过程的直观性

高校体育教学过程的直观性主要体现在体育教师的讲解、示范和教学组织管理三个方面。

第一，体育教师对教学内容的讲解具有直观性的特点。体育教师讲解体育教学内容时，不仅要达到与其他学科的教师讲解的要求一致外，还要求体育教师的语言更加生动并且富有一定的肢体表现能力，以使学生有形象、贴切、有趣的感觉。尤其是在某些具有较难技术动作的体育运动教学中，体育教师不仅要详细描述教学重点，还要用生动形象的语言把复杂的技术动作进行简单化的讲解，努力做到深入浅出，以便于学生理解。

第二，体育教师对体育动作的示范具有直观性的特点。每一项体育项目的教学都涉及技术动作或战术配合，为了加深学生的理解和认识，体育教师有必要进行动作示范和实践演示。教师示范时，需要运用直观、形象的动作示范，其中包括正确动作的演示和错误动作的演示，这些演示都要非常直观地展现在学生面前，不能有任何的艺术加工和变形，这样才会使学生从感官上直接感知动作的正确与错误，以利于他们建立正确的运动表象。当学生建立正确的动作表象后，再配合体育教师的讲解，使之与思维相结合，更好地掌握体育知识、体育技术和技能。

第三，体育教师对体育教学的组织与管理具有直观性特点。在高校体育教学中，体育教师与学生接触更多，关系更融洽，对学生的组织与管理也带有直观性，如体育教师要更加富有责任心、更具有活力，身体力行，为学生创造轻松的学习环境。

3.身体活动的常态性

在高校体育教学中，学生需要不断重复学习体育运动技能，这就决定了学生在体育教学活动中要经常进行身体活动，即高校体育教学具有身体活动的常态性特点。在高校体育课堂教学中，教师与学生的身体操练非常频繁，这种近乎常态化的特点成为高校体育教学非常显著的特点。

一般性学科（主要是指文化类学科）的教学多在教室（如实验室、多功能厅）进行，且要保持相对的安静，这样才能激发学生的思维。而和这些学科的教学相比，体育教学刚好相反，其教学的地点多为户外或专用运动场馆，普遍较为宽阔，而且在大多数的运动技术练习环节并不需要刻意保持安静，学生之间、学生与教师之间可以随时沟通，如此才更有利于学生学习运动技术。

高校体育教学要求学生掌握基本的运动技能。高校体育教学过程中充满了对身体活动的要求是体育教学与其他学科教学的最大不同之处。在高校体育教学中，几乎所有内容都涉及身体活动，或者是为即将到来的身体活动做准备的活动，就是对作为"身体知识"的体育教学的最好诠释。在高校体育教学中，不仅学生要进行具有一定运动负荷的运动，教师在示范、指导的过程中也需要付出不少体力。可见，高校体育教学身体活动常态性的特点不止针对学生，同时也包括教师。

4.身心练习的统一性

现代科学研究发现，身体健康有助于改善心理健康，而心理健康也会促进身体健康。因此，高校体育教学具有要求学生身心共修的特点。高校体育教学重视提升学生的身体素质，与此同时，它还能够促进学生适应能力的发展，这是其他学科的教学所无法做到的。高校体育教学营造了不同种类的教学情境，一系列积极的情境使参与其中的人在潜移默化中受到感染。在高校体育教学中，学生的身心发展看似是分开的，但实际上在过程中是一种身心统一的锻炼。也就是说，通过高校体育教学，学生的身体与心理能够共同发展，表现出统一性。总之，高校体育教学不仅可以促进学生运动能力的提升、体质的增强，而且有利于培养学生良好的心理品质，促进学生身心健康协调发展。

高校体育教学中学生身心练习的统一性，要求体育教师做好以下教学工作：

第一，体育教学内容的选择要注重身心统一。体育教学内容是体育教师开展体育教学活动的依据，对教学效果具有直接的影响。为了使体育教学体现出身心统一的特点，体育教师应针对学生的身心健康状况合理选择教学内容，所选教材的编排要符合该年龄段学生的心理特点，除此之外，还要满足美学、社会学等其他方面的要求，使学生身心获得有益发展。

第二，体育教学方法的选用要注重身心统一。与其他学科的教学相比，体育教学的方法更加丰富，这更加便于体育教师结合体育教学实际合理选用教学方法。为了体现体育教学中学生身心练习的统一性，体育教师选择的教学方法都要遵循与学生年龄段相适应的身心变化规律，体育教师必须根据学生的身心特点安排课程，如此才能有效激发学生学习的积极性，促进其身体和心理的共同发展。

第三，体育教学中运动负荷的安排要注重身心统一。体育教学重在体育实践，它以身体练习为主，需要学生运用身体器官直接参与活动，因此，学生不仅要承受一定的身体负荷，还要承受一定的心理负荷。学生在完成大负荷的身体练习时，不仅要承受肌肉活动引起的疲劳与不适，还要感受克服困难、团结一致、努力拼搏、失败和成功的心情。这种身心练习的统一性更有益于学生身心的健康发展。

5.技能学习的重复性

体育教学的目的是使学生掌握运动技能，而要达到这一教学目的，学生就必须重复学习运动技能。运动技能的形成具有阶段性和规律性。运动技能的形成大致分为四个阶段，即动作分解练习阶段、动作连贯练习阶段、连贯动作的独立完成阶段和连贯动作的熟练完成阶段。学生要想熟练掌握运动技能，需要经过长期的反复练习。学生无论是学习篮球、足球、排球运动中的复杂技能，还是学习体操中的滚翻、田径中的跑等技能，都需要经历由不会到会、由初步学习到深入学习、由不熟练到熟练的发展过程。在此过程中，体育教师要严格遵循循序渐进原则，逐步指导学生掌握各种运动技能，根据不同运动技能的特点合理安排练习时间，通过反复练习，使学生掌握某项运动技能。

6.教学条件的制约性

高校体育教学内容丰富，涉及的要素较多，也就使得体育教学受到更多客观条件的制约，这是高校体育教学的重要特点之一。高校体育教学活动受到的制约主要有学生运动基础、学生其他基本情况（如年龄、性别、生理和心理特点）、体育教学场地条件、器材、气候等，这些因素都会影响高校体育教学的质量。具体来说，主要表现在以下两个方面：

就教学主体来讲，学生作为体育教学过程中体育知识与技能传授的受众，与学生有关的诸多情况都会对体育教学本身造成一些影响，因此，体育教学要想进行得顺利，就要注重在学生的运动基础方面以及体质强弱等实际情况的区别对待，如男生与女生不同的身体形态、机能水平、运动能力等，根据这些差异，体育教师在开展教学活动时就要考虑周全，否则会影响教学目标的实现。

就教学环境来讲，体育教学环境是体育教学的重要载体，其质量的高低对体育教学会产生较大影响。体育教学活动多在户外开展，可能会面临空气污染或邻近马路带来的噪声污染等问题，这些问题势必会影响体育教学主体在教学活动中的状态与情绪；天气对室外体育教学的影响也是不容忽视的，如遇到雨、雪、大风等恶劣天气时，体育实践教学被迫停止，转而来到室内进行体育理论课的教学。

　　总之，高校体育教学受到多种体育教学条件的制约。要想顺利开展体育教学活动，摆脱不利于体育教学的各种因素的影响，体育教师就要从学年的体育教学计划到具体课时计划、从教学内容选择到教学方法实施都必须结合实际，科学选择体育教学内容、方法和组织形式，尽量将制约因素的影响降至最低。

第二节　高校体育教学的构成要素
及要遵循的规律

一、高校体育教学的构成要素

　　从系统论的观点看，可以把高校体育教学过程当作一个整体系统来考察，即高校体育教学系统是一个多层次、多要素的复杂系统。所以，高校体育教学系统的要素即高校体育教学的要素。高校体育教学过程的每一阶段都包含着不同的要素，这些要素的整合就构成了完整、系统的教学过程。

　　关于高校体育教学的构成要素有三种不同的观点：一是三要素说，该观点认为，高校体育教学系统是由体育教师、学生和体育教材三个要素构成的；二是四要素说，该观点认为，高校体育教学系统是由体育教师、学生、体育教学内容和体育教学手段四个要素构成的；三是五要素说，该观点认为，高校体育教学系统是由体育教师、学生、体育教材、体育教学方法和体育教学物质条件五个要素构成的。无论是哪种观点，有三个要素是共同的，即体育教师、学生和体育教材。

　　高校体育教学过程是教师与学生双边统一活动的过程，因此，体育教师和学生是高校体育教学必不可少的两个基本要素。除此之外，它们共同的作用对象是体育教材。在体育教学过程中，教师是通过体育教材这一媒介与学生发生作用的。高校体育教学系统的构成要素主要是体育教师、学生和体育教材，它们之间是相互联系、相互依存和相互作用的。

体育教师担负着培养下一代的社会使命。因此，无论是从哪个角度讲，体育教师都是体育教学系统中起关键作用的因素。体育教师的个性、能力、责任感以及体育教师与学生的关系和体育教师在学生中的威信，都对体育教学效果有重要影响。

学生无论是在体形、体能，还是在气质、性格、兴趣、爱好以及个性等方面，都表现出明显的差异性，需要体育教师对学生有深入的了解。

体育教材是指体育教师指导学生学习的一切教育材料，是体育教学中师生相互作用的媒介，是体育教师教和学生学的对象。体育教材的选择，一方面，要考虑社会发展的需要；另一方面，要充分考虑学生对体育教材的理解、接受与喜爱程度。体育教材的内容范围、难度等不仅直接影响体育教学的成效，也直接影响学生的身心发展。

二、高校体育教学要遵循的规律

（一）与学生的身心发展水平相适应

教育教学必须与学生的身心发展水平相适应，这是一条基本规律，高校体育教学也必须遵循这条规律。高校体育教学要促进学生发展，这就要求高校体育教学的目标要清晰，教学方法和手段要适当。要做到这些，体育教师就必须了解学生的现有发展水平，针对学生的"最近发展区"开展体育教学活动，促使其不断发展。

（二）学生生理和心理指标起伏变化规律

在高校体育教学中，学生的生理和心理都承受着不同强度的负荷，容易引起一系列生理和心理指标的变化。在体育课教学中，学生有各种不同的活动方式，如听讲、观察、身体练习等，这些活动方式对学生身心有着不同程度的影响，学生生理和心理指标容易呈现波浪形的变化。高校体育教学要遵循学生生理和心理指标起伏变化规律，使其保持合理的起伏变化节奏。

（三）感知、思维和实践结合规律

在高校体育教学中，学生大部分时间是在进行身体练习，耳、眼等感官直接感知动作，大脑积极思考如何行动，机体协调做动作。其中，直接感知是基础，思维是核心，实践是目的，这三个环节是紧密结合的，缺少哪一个环节都会影响高校体育教学的整体效果。因此，高校体育教学必须遵循感知、思维和实践结合规律。

（四）体育知识、技能螺旋式上升规律

学生掌握某种知识、技能以后，如果不及时强化，就会遗忘或消退。由于体育知识、技能是螺旋式上升的，因此体育教师要注意强化学生已经学过的知识、技能，这也是高校体育教学应遵循的一条规律。

第三节　高校体育教学的多元功能

一、高校体育教学的健身功能

高校体育教学具有健身功能，其对学生生理健康的影响主要表现在以下几个方面。

（一）改善呼吸系统功能

学生在体育锻炼中，吸进的氧气和排出的二氧化碳都比较多，大大增加了肺活量，增强了肺功能。学生坚持参加体育活动，能够改善呼吸系统功能，提高身体适应能力。

（二）改善消化系统功能

体育健身会消耗人体内的营养物质，加速机体代谢，使人增强食欲。学生积极参与

体育锻炼，会加速胃肠蠕动，快速分泌消化液，有助于改善消化系统功能。

（三）改善神经系统功能

随着社会竞争压力的增加，学生的脑力活动越来越多，过度用脑会使脑细胞转为抑制状态，如果不及时调整脑细胞的状态，就会造成记忆力减退。体育锻炼可以刺激大脑中枢神经系统，使大脑的供氧状况得到改善，从而缓解大脑疲劳。此外，体育锻炼还能使大脑皮质及时调动植物性神经系统，从而使神经系统的功能得到充分发挥。

体育锻炼改善神经系统功能的原理主要体现在以下几点：第一，体育锻炼在一定程度上可以促进脑细胞数量和体积的充分发展；第二，体育锻炼可以促进大脑传导系统的完善；第三，体育锻炼可以促进大脑皮质兴奋和抑制过程的改善，使其迅速建立条件反射；第四，体育锻炼可以促进大脑皮质反应能力的提高，从而有效激活脑细胞。

（四）塑造健康体形

肥胖会对人体的正常生理功能造成不良影响，加重心脏负担，如果皮下脂肪过多，则会增加身体患慢性病的概率。体育健身运动能够帮助大学生去除多余的脂肪，增强肌肉力量。大学生只有长期参与体育锻炼，才能达到控制体重、保持健康体形的目标。

（五）培养身体运动能力

身体运动能力是学生生命活力的重要标志。缺乏体力活动（体力劳动和体育锻炼）的学生一般身体活动能力较弱。在大学生身体运动能力发展过程中，体育锻炼发挥着非常重要的作用。

在高校体育教学中，特别是在田径运动教学中，大学生通过系统的体育锻炼不仅可以获得良好的基本运动能力，而且身体素质也会得到一定程度的提高。大学生身体运动能力不断提高的同时，其身体机能也在逐渐改善。

现在，社会上许多职业性活动虽然正由体力投入型为主向脑力投入型为主转变，但仍然对人们的身体素质有一定的要求。大学生只有具备良好的身体素质，才能完成各种复杂的生产任务。因此，为了提高大学生的职业活动能力和生活能力，需要重视体育教学，发挥体育运动的作用。

（六）预防疾病

长期参与体育健身活动，有助于降低心血管疾病发生的概率；科学锻炼能够有效控制血糖，降低糖尿病发生的可能性。总之，科学而持久的体育锻炼能够有效预防疾病。

二、高校体育教学的心理功能

（一）调节情绪

高校体育教学对学生心理健康的影响可以通过学生的情绪状态这一指标来衡量。高校体育教学可以帮助学生摆脱烦恼和不愉快的情绪。考试成绩不理想、与同学的矛盾、教师的批评等是学生产生不愉快情绪的主要原因，而学生在体育教学中积极参加体育锻炼可以有效减轻不良情绪的影响。

高校体育教学有助于调节学生的情绪，其中，最重要的原因之一就是参加体育锻炼的学生可以体验运动的乐趣，获得愉快感。体育锻炼是使中枢神经系统得到适度的激活并达到良好水平的重要途径。适度负荷的体育锻炼能促使人体释放内啡肽，它能使学生在参加体育锻炼后获得愉快感。因此，大学生参加体育活动，尤其是自己喜爱或擅长的体育活动，可以产生良好的情感体验，保持愉快的情绪。

（二）锻炼意志

意志品质是指个体的果断性、自制力及坚韧、顽强和主动、独立等精神。学生在克服困难的过程中可以锻炼自己的意志品质。在体育课堂教学中，学生需要不断克服困难，如懒惰、胆怯、疲劳及外在因素的影响等，这有利于培养学生坚强的意志品质，帮助学生更好地解决学习和生活中遇到的问题。总之，高校体育教学在磨炼学生意志，培养学生良好的心理品质方面具有积极的意义。

（三）消除心理障碍

现代社会竞争十分激烈，学生的学习压力很大，一些学生不堪重负，产生了悲观、失望的情绪，进而导致抑郁、孤独等各种心理障碍。高校体育教学有助于学生摆脱消极情绪（压抑、悲观等），减轻心理障碍（焦虑、抑郁等）程度，使学生保持心理健康。

学生参加体育运动并坚持锻炼，不仅可以改善生理机能，提高身体素质，同时也能掌握一些体育运动的技术、技能。取得这些成绩后，个体会以自我反馈的方式将信息传递给大脑，从而产生自我成就的体验。

体育锻炼在治疗焦虑症、抑郁症等方面的作用已经得到大多数人的认可。焦虑和抑郁是两种常见的心理障碍，体育锻炼能有效减轻焦虑和抑郁症状。学生在学习与生活中的焦虑情绪也可以通过体育锻炼得到有效缓解。

（四）改善人际关系

随着现代社会生活节奏的加快，人与人之间的感情交流越来越缺乏。体育教学可以打破这种封闭状态，将不同年龄、地区、学习水平的学生聚集起来，使其开展平等、友好、和谐的交往。学生在体育锻炼中进行情感和信息的交流，有助于建立和谐的人际关系。研究表明，与社会密切联系有利于个体心理健康。学生可以在体育锻炼中认识更多的人，大家和睦相处、友爱互助，这会使学生心情舒畅、精神振奋，对其身心健康十分有益。

三、高校体育教学的智育、德育和美育功能

（一）智育功能

在高校体育教学中，学生积极参与体育课堂教学活动及课外活动，能够大幅度促进自身智力水平的提高。

1.提高脑力工作效率

学生参与体育运动，能够减缓自身的应激反应，但是只有经常参与、科学参与、有规律地参与体育运动才能取得明显的效果。个体的血压和心率会受到肾上腺素受体数目或敏感性的影响，因此，个体的生理也就会受到特定应激源的影响。学生处于静止状态时，容易产生应激反应，而体育运动能够减缓应激反应，提高脑力工作效率。

2.振奋精神，开发潜力

生理与心理方面的不良因素都会导致疲劳的产生，可见疲劳是一种具有综合性的症状。如果个体参与一些活动的态度是被动的、消极的，或者所从事的工作超出了自己的能力范围，这时，其在心理与生理上都容易出现疲劳症状。个体的大脑皮层能够对自身的意识进行调节，学生在学习体育之外的其他学科时，大多是学习一些理论知识，这时其大脑皮层的有关区域处于高度兴奋状态，学习时间越长，保护性抑制就越容易出现，一旦出现，学生的学习效率就会降低。

学生在学习体育学科的相关知识时，不仅要学习文化知识，还要学习实践技能，可谓是脑力活动与体力活动的有机结合。这样的结合活动有利于使学生的运动神经中枢处于兴奋状态，因此，与学习文化知识相关的中枢神经系统就有了休息时间，这对消除因脑力劳动而导致的疲劳是有利的，同时也有利于提高学生学习理论知识的效率。除此之外，学生通过参与体育运动能够提高自身的身体素质、维持较高的健康水平，这样学生就有充沛的精力投身于文化课的学习中并在学习过程中不断开发自身的潜力。

（二）德育功能

高校体育教学具有帮助学生形成良好思想品德的功能。体育运动竞赛顺利进行的前提是参与者遵纪守则，体育运动竞赛取胜的关键是集体的配合。学生在体育比赛中可以养成遵纪、守则的良好习惯。在体育竞赛中，学生还要做到关心同学，尊重对手和裁判。系统的体育教学对陶冶学生良好情操、塑造学生健全人格具有重要作用。

（三）美育功能

体育教学具有提高学生审美意识与审美能力的重要作用。静态的人体造型和动态的运动节律都具有美的特质，都表现出人们对美的向往。运动参与者主要从以下两个方面获得审美感：一方面，是运动参与者通过科学的体育锻炼而获得的良好体态；另一方面，是运动参与者通过公平的比赛而获得的成绩。学生对体育运动的审美意识也可以通过体育教学培养。总的来说，高校体育教学可以帮助学生树立正确的人体及运动的审美标准，使学生体验积极、健康的审美情感，进而提高大学生的美学素养。

四、高校体育教学的社会功能

（一）社会同化功能

个体自愿接受他人的观点、信念、态度和行为，使自己有和他人相接近的态度就是"同化"。高校体育教学的同化功能主要是指学生的社会化过程。学生的社会化也是高校体育教学的一个重要目标，学生社会化的内容与要求是与高校体育教学的"教化"目标相一致的。这主要是由于高校要想与社会环境保持一种协调与平衡的关系，就需要深入开展体育教学，使体育教学充分发挥促进学生社会化的作用。

（二）社会传播功能

高校向社会传播体育知识，主要是通过体育教学活动的开展实现的。高校开展体育教学有助于促进整个社会体育的发展。正因为高校体育教学具有社会传播功能，所以其深深地影响了社区体育和全民健身运动。高校体育教学需要通过体育文化的延伸才能发挥传播功能。以高校体育文化的不同延伸方向为依据，可以将其分为两类，即纵向延伸与横向延伸。纵向延伸指的是体育教学在时间上所产生的延续性影响，具体是指高校通过开展体育教学活动引导与培养学生这一主体的体育意识和行为，以学生为载体，从时间上延续对学生体育意识与行为方面的影响，从而广泛影响大众体育和全民健身活动。横向延伸指的是体育教学在空间上所产生的拓展性影响，具体是指高校通过举办开放性的体育活动，将校内的体育场馆设施向社会开放，通过这种方式弘扬体育精神，从而更好地传播学校体育文化。

（三）社会辐射功能

高校体育教学的社会辐射功能主要是指高校体育的文化态势会对社会产生广泛的影响。学校这一场所担负着传播精神文明的职责，因此，学校的文化层次与品位要高于其他场所的文化层次与品位。从个人方面而言，个体不断学习不仅是要掌握专业知识与其他知识，而且要用心接受精神文明的洗礼，促进自身思想道德水平和文化修养的提高，养成文明的行为习惯，这样在步入社会之后能够给他人带来积极的影响。从群体方面而言，作为一个整体，学校是由许多个体组成的，通过开展体育教学活动，个体的行为素质与修养得到提高，必然会促进社会整体素质的提高。

高校体育教学通过不同的传播载体与传播形式，能够对家庭体育和社会体育的内容及形式产生积极的影响。大学生在体育教学中养成良好的体育锻炼习惯，在步入社会之后这一良好的习惯会随着其生活方式、行为习惯向社会传播，这就体现出高校体育教学所具有的社会辐射功能，这一功能有利于加快高校体育的社会化进程。

第四节　高校体育教学的时代使命

现代社会已经进入一个快速发展的时代，在这样的时代，社会对大学生提出的要求越来越高，对高校体育也提出了一定的时代要求。高校体育是高校素质教育的重要形式，也是我国由体育大国迈向体育强国的重要组成部分。高校体育教学在促进大学生身心健康发展的同时，对素质教育、全民健身和体育文化的发展也有一定的作用。

一、高校体育教学与素质教育

（一）高校体育教学是实现素质教育的途径

我国于 20 世纪末提出了深化教育改革、全面推进素质教育的思想，指出要在全国范围内推行素质教育，把德育、智育、体育、美育等有机地统一到教育活动的各个环节中，学校教育不仅要重视智育，更要重视德育，还要加强体育、美育等方面的建设，使各方面教育相互协调发展，从而促进学生的全面发展。高等教育作为我国教育的重要组成部分，是素质教育的重要阵地之一。素质教育的核心是促进学生全面发展，即促进学生思想道德素质、文化素质、科学素质和身心健康素质等方面的全面发展。高校体育教学可以提高学生的综合素质，是实现素质教育的重要途径。

（二）素质教育对高校体育教学的要求

1.注重学生的主体性

随着素质教育的推行，以及高校体育教学的不断改革，学生的主体性地位越来越明显。从课程的设计到课程的实施，都凸显了以学生为主体的特性，充分发挥学生的主观能动性，提高课堂的互动性。

2.注重学生的全体参与性

由于每个学生的身体素质和运动水平各不相同，因此在高校体育教学中应注重学生的全体参与性。素质教育要求每一名学生都应该得到平等的教育，每一名学生都应该被认真对待。体育教师应根据学生的个体差异设计体育课程，促进每一个学生身心健康发展。注重学生的全体参与性是素质教育对高校体育教学的必然要求。

3.促进大学生身心健康发展

大学生是建设祖国的栋梁，除具备一定的科学文化素质外，还必须拥有强健的体魄和良好的心理素质，才能在激烈的竞争中脱颖而出。高校体育教学要将促进大学生身心健康发展作为教学目标，这也是现代社会对个体健康的最新要求。

二、高校体育教学与全民健身

（一）高校体育教学是全民健身的重要保障

1.全民健身顺应时代发展要求

随着我国社会的快速发展、科学技术水平的不断提高，给人们的生产和生活带来了极大的便利，但是工作方式上的一些变化，如久坐不动、体力活动减少，以及高油、高热量食物的摄入，出现了一系列影响人们身心健康的疾病。体育锻炼是促进人们身心健康的重要手段，我国实行的全民健身计划就很好地发挥了体育锻炼在人们生活中的作用。

2.高校体育是全民健身的实施重点

学校体育一直是我国体育事业的重要组成部分，是全民健身的实施重点。而目前在我国，由于受传统教育的影响，中小学的体育教学未能取得很好的体育教学效果，因此高校体育课堂成了学生学习体育技能、掌握运动技术的主阵地。学生在大学期间习得的体育技能和锻炼习惯会促使他们走向社会以后继续坚持锻炼，养成终身参与体育健身的好习惯，为全民健身计划的实施作贡献。

（二）全民健身对高校体育教学的要求

1.培养学生的体育兴趣和技能

兴趣是最好的老师，拥有一定的体育兴趣是人们坚持体育锻炼的不竭动力。因此，在高校体育教学中，体育教师首先要培养学生的体育兴趣，让学生对某一项运动项目产生浓厚的兴趣，沿着兴趣培养学生的体育技能。

2.引导学生形成终身体育的生活方式

随着我国社会的不断发展，体育锻炼已经逐渐成为很多人生活中的一部分，自觉地、有规律地参与体育锻炼成为健康生活方式的标志。体育教师要向学生阐述终身体育的理念，引导学生形成终身体育的生活方式。

三、高校体育教学与体育文化

（一）营造体育文化氛围

体育文化是促进体育发展的内在动力，因此，如何营造良好的体育文化氛围非常重要。大学校园是营造体育文化氛围的最好场所，同时，大学阶段也是人一生中提升文化修养的最好时期。高校可以通过举办校园马拉松、校园运动会、体育明星进校园等活动，营造积极、健康的体育文化氛围。

（二）传承民族传统体育文化

我国是一个多民族的国家，具有丰富的民族传统体育文化。高校因地制宜地开设一些民族传统体育课程，如武术、太极拳等，可以很好地传承民族传统体育文化，对促进我国体育文化事业的发展具有深远的意义。

第二章 高校体育教学内容

第一节 高校体育教学内容的
概念、特性和分类

一、高校体育教学内容的概念

高校体育教学内容是那些以身体练习、运动技能学习和教学比赛等为形式，经过组织加工后的，可以在教学环境下进行的内容总称。

高校体育教学内容与一般教育内容的区别，主要表现为以下几点：①它是根据学生发展需要和教学条件而加工出来的教学内容；②它是以大肌肉群的活动状态进行教育的内容；③它是在体育教学环境下传授的。例如，语文、数学等学科没有以运动为媒介，也没有以技能形成为目标，因此，没有人认为其教学内容是体育教学内容；而一些与人体活动密切相关的教育形式和内容，如军训伴有大肌肉群运动，但由于其培养目标不是形成运动技能，也不是在体育教学环境下进行的，因此，也不被认为是体育教学内容。

高校体育教学内容也有别于体育运动的内容，主要表现为以下几点：①体育教学内容是以教育为目的的，体育运动内容则不是以教育为主要目的，而是以娱乐和竞技等为主要目的；②体育教学内容必须根据教育的需要进行必要的改造、组织和加工，而对体育运动内容则不必进行这种改造。例如，奥林匹克运动会中的田径是以夺取竞技胜利为目的、按公正比赛的原则进行组织和加工的内容体系，因此，它没有必要考虑怎样通过田径实现教育目的，也不必从教育的角度出发去做什么改造。而作为教学内容的田径，则必须根据某个阶段的教学目标、受教育者的年龄和身心特点、学校的场地器材情况、教学课时和教学计划安排予以改造，因此，它在许多地方有别于在竞技场上进行的田径运动。

现实中，有些同名的体育运动内容和体育教学内容会有很大差异。体育教学内容属于教育内容，但在形式上与很多教育内容相去甚远；同时，体育教学内容来源于体育运动内容，形似于体育运动内容，却在体系上不同于为了娱乐和竞技的体育运动内容。这形成了体育教学内容的独特性质和在教育内容中的独特位置，也使得体育教学内容的选择、加工以及教学过程都更加复杂多变，使得"竞技运动教材化"的必要性和紧迫性更为突出。

二、高校体育教学内容的特性

作为高校教育内容的一个重要组成部分，体育教学内容既具有与其他学科教学内容相同的特性（如教育性、系统性和科学性等），也具有自身的独特性。总体而言，高校体育教学内容的特性如下。

（一）教育性

高校体育教学内容是对受教育者身心进行教育的重要载体。当人们把众多的体育运动内容选为教育内容时，首先想到的是其教育性。高校体育教学内容的教育性主要体现在以下几个方面：①对大多数学生来说较为适合；②对学生的身心发展有利；③既有一定的冒险性又相对安全；④摒弃了危险度高的内容；⑤避免了过于功利性的内容。

（二）系统性

高校体育教学内容的系统性主要表现在以下两个方面：①体育教学内容本身必须有它的系统性，虽然这个系统性由于体育运动的特点，不同于其他教育内容的系统性，但体育运动内在的规律使内容与内容之间、项目与项目之间、技术与技术之间有着某种相关的联系和制约因素，形成体育教学内容的内在结构，而这一内在结构是我们编制体育教学内容的依据；②我们必须根据教育目标、学生不同年龄阶段的生长发育特点、教学环境和教学条件等方面的因素认识体育教学内容的内在规律性，系统地、合乎逻辑地安排各个学校、各个年级的教学内容。

（三）科学性

由于体育教学内容是在学校进行的有目的、有计划、系统的教学内容，因此体育教学内容也必须同其他的教育内容一样，具有很强的科学性。高校体育教学内容的科学性主要体现在以下三个方面：①高校体育教学内容本身具有丰富的内涵，是人类文化和科学的结晶，如身体科学原理、锻炼科学原理、训练科学原理以及相关的社会科学原理等；②在筛选高校体育教学内容时，人们会有意识地把那些科学和文化含量高的内容优先选择到教学内容中来；③在编制高校体育教学内容时，必须遵循有关规律与原则。

（四）健身性

由于高校体育教学内容的很大一部分是以大肌肉群运动为主的技能学习与练习，学生学习高校体育教学内容就必然会对身体形成一定的运动负荷，因此在运动量合理的情况下，参加体育教学内容的学习和练习，都会起到锻炼身体的作用。虽然这种锻炼作用受教学时间的安排、运动量的多少等各种因素的影响，经常处于非组织性的状态（即对健身作用的难以控制性），或者说只是一种副产品的状态。针对这样的情况，在教学实践中有很多追求体育教学内容健身性的努力，如在编制体育教学内容时根据受教育者的身心特点将这些健身作用进行科学化的设计和控制，在体育教学中将以身体不同部分为主的内容进行搭配的尝试，在教学过程中对运动负荷大小进行合理安排的尝试，对教学内容的健身效果予以评价等。高校体育教学内容的健身性是其他教育内容所不具备的。

（五）人际交流的开放性

由于高校体育教学内容多是以集体活动的形式进行的，而运动是以位置的变动方式进行的，在运动、练习和比赛中，人际交往是极其频繁的，因此，与其他的教育内容相比，高校体育教学内容具有更加明显的人际交流的开放性。高校体育教学内容以人际交流的开放性为基础，构成对集体精神、竞争、协同培养的独特功能，使得在体育教学内容的学习过程中师生、生生之间的关系更加密切，一些以小组为单位学习的内容使得组内的各种分工明确，在体育学习中的各种角色变化远远多于其他的教育内容。

（六）运动实践性

运动实践性是高校体育教学内容最突出的一个特点。这里的运动实践性是指高校体育教学内容绝大部分是以身体练习的形式开展的体育运动，体育教学内容与体育实践活动密切相连，受教育者本人必须在从事大肌肉群运动时才能真正学会这些内容。当然，高校体育教学内容也有与其他学科一样具有知识学习和作风培养的内容，但是高校体育教学内容的知识学习和作风培养必须通过运动的学习和实践来体验，通过运动中的本体肌肉感觉和记忆才能准确获得，这一点与其他学科的教育内容形成鲜明的对比。

（七）娱乐性

体育教学内容来自体育运动内容，而体育运动的大部分又来自人的娱乐性运动，因此，体育教学内容自然内含运动的乐趣和娱乐性。体育运动的乐趣体现在运动学习和运动竞赛过程中的竞争、协同、克服等心理过程中，体现在受教育者对新的运动的体验和对学习进步的成就感等方面，体现在运动的环境、场地、比赛规则、比赛形式等变化和加工方面。当受教育者在学习体育教学内容时，必然存在对这些运动乐趣的追求动机，体育教学的效果也受到体育教学内容娱乐性的影响，这也是体育教学内容与其他文化课教学内容的重要区别。

三、高校体育教学内容的分类

高校体育教学内容的分类历来是一个令体育教学工作者颇费脑筋的事情。因为体育活动来源于多种不同目的的活动，具有诸如健身、娱乐、培养技能、进行思想品德教育等多种功能，对人的身心有着不同的影响。它可以为多种教育目标服务，也可以根据从事的活动形式分成多种类型，而且不同的运动有其不同的乐趣特征。因此，高校体育教学内容可以根据"功能""目标""作用""形式""乐趣特征"等多种分类方式进行分类。现实中，高校体育教学内容的分类方法虽然是多种多样的，但基本上以"以运动项目分类""以体育教学内容的内在功能进行分类"两种分类方法为主。

（一）以运动项目分类

以运动项目分类是一种常见的分类方法，它是按照运动比赛的名称和内容进行分类的，如篮球、足球、田径、体操、武术、游泳等。这种分类方法的优点是它与社会上的体育运动相一致，容易理解名称和内容，但是缺点也比较多，具体有以下几点：

第一，这种分类方法容易否定一些中间性的项目和一些没有正式比赛或比赛还不规范的体育项目，如手垒球、角篮球等。

第二，由于运动项目是以赢得胜利为目的的，正式比赛的项目在规则上、技能细节上、小项目设置上要求较高，因此往往不符合教育的实际条件，如田径中的链球、铁饼、3000 米障碍、400 米跑的项目设置不适合作为青少年的体育教学内容，需要做大幅度的改造，而改造后的内容与原来的运动项目有较大的差异，失去了原来运动项目的特点。

第三，对"竞技运动教材化"有一定的影响，如蹲距式起跑是田径运动跑项目的基础技术，而作为体育教学内容，发展学生跑的能力是目的，而蹲距式起跑快慢则是次要的。但是，如果改为各种形式、各种方向的起跑，就必然与人们印象中的"田径"有很大的差距，就会使受教育者感到疑惑。

（二）以体育教学内容的内在功能进行分类

现在比较常见的有"以健身功能进行分类""以身体基本活动能力进行分类""以娱乐性进行分类"三种分类方法。

1.以健身功能进行分类

由于不同运动的形式、运动量特点都有很大不同，因此用运动对人体的促进作用（健身性）进行分类也是可行的。这种分类方法的优点是它在发展学生身体素质方面目标明确，有利于学生完成体育锻炼任务和帮助学生认识各运动项目与身体发展之间的关系。这种分类方法的缺点是有些项目不是单纯以一种身体发展的形式表现出来的，而是具有综合性。另外，这种分类方法容易忽略对体育教学内容文化特性的认识。

2.以身体基本活动能力进行分类

这也是在实践中常见的一种分类方式，它是以人的走、跑、跳、投、攀、爬、钻等动作技能来划分体育教学内容的。这种分类方法的优点是有利于发展学生的各种动作和活动能力，不受成型运动项目的限制；有利于组合教材，特别适合对低年级的教学内容进行分类。目前，英国、美国在小学低年级实施的"动作教育"主要以这种分类进行。这种分类方法的缺点是不利于对某一运动项目技能的培养，不易满足高年级学生对竞技体育的追求，使其缺乏运动的动机。

3.以娱乐性进行分类

由于体育运动的大部分项目是从娱乐项目中发展而来的，因此可依据娱乐性对其进行比较妥当的分类。这种分类方法的优点是有利于把握运动中的乐趣特点，有利于根据这些特点编制体育教材，使学生愉快地学习并有效地把握娱乐的方法，使学生领会运动的乐趣。

第二节　高校体育教学内容的选择

一、高校体育教学内容选择的依据

（一）体育课程目标

体育课程内容是实现体育课程目标的手段，而不是目的。体育课程目标的多元性以及体育运动项目和身体练习的可替代性，增加了体育课程内容选择与组织的多样性。因此，体育教师在选择体育课程内容时应依据一定的标准。体育课程目标是体育教师选择、组织体育课程内容的主要依据，这是因为体育课程目标作为编制各个阶段体育课程内容的先导和方向，作为对学习者的理想期望，是专家、学者、教师等经过周密的思考，认真研究了社会、学科、学生等不同方面的特点与需求的结晶。因此，体育教学内容的选择必须根据体育课程目标，即有什么样的体育课程目标，便有什么样的体育教学内容。

（二）学生的需要及身心发展规律

体育教学的目的是要促进学生的身心健康发展，因此，体育教师在选择体育教学内容时，要充分考虑学生的体育需要和兴趣。学习是一个主动的过程，这个过程需要学习者自身积极的努力。一般来说，当学习者遇到感兴趣的内容时，就会主动学习，从而获得良好的学习效果。正如著名教育家杜威（John Dewey）所说："当学习是被迫的而不是从学习者真正的兴趣出发时，这种学习相对来讲是无效的。"许多研究表明，大多数学生喜欢课外体育活动，却不喜欢上体育课，其中一个很重要的原因就是对教学内容不感兴趣。

学生的身心发展规律与特点决定了其对教学内容的接受程度，体育教学内容必须是学生经过努力可能接受的。因此，体育教师需要根据学生的身心发展特点确定教学内容的深度、广度和难度。

（三）社会发展的需要

学生个体的发展总是与社会的发展交织在一起。体育教学是为学生的未来健康打基础的，因此，体育教师在选择体育教学内容时，就必须考虑现实社会与未来社会的需要。体育教学内容的选择不可忽视未来公民适应社会发展所必需的体育素质，因此，体育教学内容要满足学生在身体、心理和社会适应能力等方面发展的需要。另外，体育教学内容只有与社会生活、学生生活紧密联系，才能充分发挥它的功能。

二、高校体育教学内容选择的原则

（一）教育性原则

我们在面对体育素材的时候，首先应从教育的基本观点去审视它，看它是否符合教育性原则，与国家、社会的价值观念是否冲突；看它是否对学生的身心发展有利。体育课程内容的选择应该紧扣体育课程的主要目标，把"健康第一"的指导思想作为确定体育课程内容的基本出发点，同时重视教学内容的体育文化含量，以提高学生的体育文化修养。高校体育应以培养学生在品德、智力、体质等方面的全面发展为目标，坚持理论和实际相结合的原则，既要讲述人体科学知识，又要取得锻炼身体的实际效果。高校体育教学内容的选择要充分考虑学生的个体差异与不同需求，确保每一位学生都能受益。

（二）科学性原则

体育教师在选择体育教学内容时，要注意教学内容的健身性和兴趣性，但这并不意味着未来的体育课程就不关注教学内容的科学性。这里讲的科学性有三层含义：一是教学内容要有利于学生身心的协调发展。有些内容有利于学生身体健康，但不一定有利于学生心理健康，反之亦然。二是教学内容要有利于学生了解科学锻炼的原理和方法，从而提高学生锻炼的自觉性和积极性。三是教学内容本身的科学性。体育教师在选择体育教学内容时，要注意防止一些不科学的活动内容进入体育课堂。

（三）实效性原则

体育课程是一门以身体活动为主要手段、以增进学生健康为主要目的的课程。可以这样认为，一切对学生健康有利的内容都可以被纳入选择的范围之内，这样可以使体育教学内容更加丰富多彩。

所谓实效性，简单地讲就是某一活动是否实用、是否简便易行、是否有利于学生身心健康。因此，体育教师在选择体育教学内容时，一定要注意既要选择与学生自身的体育学习兴趣和经验相接近的，又要选择大众喜欢的、社会上比较流行的，有很好的健身娱乐效果的运动项目，为终身体育奠定基础。

（四）趣味性原则

体育教师在选择体育教学内容时，一定要根据学生的年龄和性别特点，在科学性和可行性的基础上选择那些学生感兴趣的、娱乐性比较强、社会上广泛流行的体育素材。毋庸置疑，许多竞技运动项目具有健身价值和教育价值，但是，由于我们长期以来只是关注竞技运动项目教学的系统性和完整性，把培养运动员的教学方法带进体育课堂，结果使许多学生对体育课的教学内容失去兴趣。因此，体育教师在选择体育教学内容时要坚持趣味性原则，以激发学生的学习兴趣。

（五）民族性与世界性相结合的原则

体育课程内容的选择既要汲取我国民族传统体育素材中的精华，又要借鉴和吸收国外体育课程内容设置的经验和合理内核；既要打破故步自封的局限性，又要防止崇洋媚外的做法。体育课程内容的选择还应做到与时俱进，体现时代性、民族性和中国特色。

第三节　高校体育教学内容的开发与利用

一、开发丰富的体育教学内容

高校体育教学内容要随着社会的发展而不断丰富。高校开展体育教学，要从学生的身心健康和体育爱好等多个方面综合考虑，在开发体育教学内容时，要尽可能突出教学内容的丰富性，提高学生参与体育教学的积极性。

高校在开发体育教学内容时，可以将社会上流行的体育项目，如攀岩、搏击、射击、武术、跆拳道、瑜伽等引进体育课堂中。有条件的学校还可以开展冰球、马术、皮划艇等项目的教学，以满足学生的竞技需求、娱乐需求、健身需求。

二、对体育教材、课程内容、教学内容之间的关系进行深入研究

目前，我们对体育教材、课程内容、教学内容关系的了解停留在表面，要想对此有清晰且深入的认识，还需要经过很长的时间才能实现。我们通常所说的运动素材是教学内容的上位概念，教学内容具体细化演变成教材是从逻辑关系的视角进行分析的。然而，当体育课程教学中出现教材后，教材又可以演变为什么，是体育学科中常说的"教学内容"，还是"教材内容"，或者是其他的概念，这个问题在体育教学内容研究中并未受到关注，还需要对其进行深入的研究。

三、有机结合传统体育教学内容和创新性体育教学内容

竞技运动项目是传统体育教学的主要内容，在竞技运动教学中，各项目的技术是教学的重点。尽管传统体育教学内容比较单一，但是我们不能以否定的态度排斥所有的传统体育教学内容。学校要以本校的现实状况为依据，有机结合传统体育教学内容、校本教材、地方特色项目以及特色教材内容，尽量选取具有传承性、趣味性和本土特色的教材，使优秀的地方文化能够不断传承下去。

四、合理选择体育教学内容

（一）与目标一致

高校在体育教学内容的选择上有很大空间，但这也给体育教师把握教学重点增加了难度。体育教学目标是一定的，高校在一定的教学目标的引领下选择教学内容相对来说比较容易。高校要在严格考虑体育教学目标的基础上选择体育教学内容，所选的内容必须体现体育教学目标的要求，对传统体育教学中不符合教学目标的内容必须进行适当的改革，从而使学生在有限的体育课堂上牢固掌握运动技能，实现体育教学的目的。

（二）与实际情况相符

学校的教学设施、教师的教学能力、学生的身体素质与基础能力等都是学校选择体育教学内容时应当考虑的因素。有些学校选择的教学内容虽然比较新颖，但与学生的实际情况不符，只是为了突出个性与特色，这样的教学内容无法使学生真正掌握体育知识和技能，也会使学生对体育课的作用与价值产生怀疑。为了解决这一问题，高校应积极开设体育选修课，有机结合传统体育与新兴体育项目。

五、构建体育教学内容新体系

体育教学内容是在体育课程设置的基础上解决学生学什么、教师教什么问题的关键。在健康教育理念下，构建体育教学内容新体系应注意以下几点：

首先，处理好竞技项目与竞技体育、传统项目与传统体育的关系。从理论上说，竞技体育是以极限负荷为主要特点的运动，竞技项目是竞技体育活动的形式，它可以是大负荷的活动形式，也可以是小负荷的活动形式；传统体育与传统项目一样，可以作为极限运动，也可以作为休闲活动。因此，竞技项目、传统项目及其他体育活动项目都可以成为体育教学的内容，具体要以体育教学目标为依据进行精选与优选。

其次，要体现以人为本的教育理念，改革以往统一、机械的内容组合。改革的要求是教学内容弹性化、健康化，只有将健康教育与技能教育结合起来，才能真正实现体育与健康教育的结合。

最后，在开发和利用体育教学内容时，应从学生适应社会发展的需要出发，分层次、有重点地选择健身价值与社会价值都很高的内容。此外，高校还要根据不同学生的特点选择教学内容，争取使各年级的教学内容相互配合、衔接连贯。

第三章 高校体育教学目标

第一节 高校体育教学目标的
内涵与功能

一、高校体育教学目标的内涵

在体育教学过程中，教师与学生预期达到的标准和结果就是体育教学目标。对教师而言，体育教学目标是教授的目标；对学生而言，体育教学目标是学习的目标。下面主要从四个方面来深入理解高校体育教学目标的内涵。

第一，在体育教学活动中，体育教学目标的地位举足轻重，体育教学大纲与计划的制定、体育教学内容的组织、体育教学方法的选择以及体育教学过程的安排都要以体育教学目标为导向。所以，在体育教学设计中，首要环节就是制定科学、合理的体育教学目标。

第二，体育教学目标是体育教学的预测结果，对体育教学活动的效果进行评价时，需要参考的一个重要标准就是体育教学目标，只有参照确定的指标进行衡量，才能知道教学结果如何，是否达到预期目标。所以，在制定体育教学目标时，应确保其可测量。

第三，体育教学目标可以分为现实目标与理想目标，这主要是以目标的层次为依据进行划分的。

第四，体育教学目标可以分为三个水平，即合格、中等、优秀，这主要是以学生学习基础和学习能力的差异性为依据进行划分的。其中，合格水平要与课程标准的最低要求相符，中等水平要与课程标准的基本要求相符，优秀水平要与课程标准的最高要求相符或超出最高要求。

二、高校体育教学目标的功能

分析高校体育教学目标的功能有助于人们了解高校体育教学目标,为高校体育教学目标的制定提供科学依据。具体来说,高校体育教学目标有以下功能。

(一)激励功能

体育教学目标是体育教学目的和活动价值的集合,是学校开设体育课程所要达到的一种目的和效果。明确的体育教学目标能够激发学生对体育学习的兴趣,而且目标中的功能和效果能够提高体育教师对体育教学的热情,激励体育教师科学开展体育教学工作,保证教学目标的实现。对社会而言,体育教学能够培养符合时代要求的接班人,这一目标激励着学生、教师和教学研究者重视体育教学。

(二)定向功能

体育教学目标实际上就是体育教学所要达到的一种方向,指导着体育教学活动按照一定的方向进行;体育教学目标反映了体育教学的目的,体育教学的目的是体育教学所要达到的效果。例如,学校开设体能训练课程的目的就是增强学生的体能,促进学生身心健康发展,因此,体育教师在教学的时候会朝这个方向不断努力。所以,体育教学目标对体育教学而言具有定向功能。

(三)评价功能

任何一种学科的教学过程都需要教学目标,它不仅在教学中发挥着激励作用和定向作用,同时也是教学的评价标准。例如,学校开设篮球课程的根本目标是让学生学会篮球运动的相关技能和知识,这也是体育教师在教学过程中努力的方向。如果体育教师完成了这一教学目标,那么这名体育教师就获得了相应的教学成就,是一名合格的体育教师；如果不能实现这一教学目标，那么体育教师就没有完成自己的教学任务。由此可以看出，体育教学目标具有评价功能。

（四）规范功能

体育教学相对于其他学科的教学而言，具有复杂性，再加上新课程标准的要求，更加大了体育教学的难度，这就使得有些体育教师在开展体育教学的过程中，无法保证体育教学的科学性，最终造成不好的影响。体育教学目标是体育教师教学过程中的参考，规范了体育教学过程中教师的行为和教学的内容，使得体育教学能够按照科学的程序进行，促进了体育教学质量的提高。

第二节　高校体育教学目标的制定

一、高校体育教学目标制定的依据

（一）社会需要

高校人才培养的规格与质量在一定程度上反映了社会需要。在现代社会，人们的精神需求及生活节奏等都在随着科技的发展而不断变化。激烈的国际竞争既是各国综合国力的竞争，也是各国科学技术和人才的竞争。高校体育必须结合德育、智育等教育内容，为我国培养全面发展的时代新人。

随着时代的发展，人们对健身、娱乐等活动产生了强烈的需求，这就为大众体育活动的普及和全民健身活动的开展提供了基础条件，同时也要求高校体育教学不但要增强学生的体质，而且要有组织地培养具有体育才能的学生，使他们将来能够成为社会体育发展的骨干人才，为社会体育事业的发展贡献一己之力。

（二）学生发展的需要

教育是一种改变人行为方式的过程，这个"行为"是从广义上说的，它既包括外显的行动，又包括思维和感情。体育教学目标就是体育教学寻求学生发生各种行为变化的目标。要使体育教学达到预定的目标，就必须对学生进行深入研究。

1.学生身心发展的规律

体育课程的主体是学生，体育教学的内容和方法选择都要以学生身心发展的规律为依据。学生心理发展的特点主要包括学生的认知发展、情感和意志发展、个性发展三个方面；学生生理发展的特点主要包括身体的形态发育、机能发育和素质发展三个方面。不同年龄段的学生，其身心发展的特点是不一样的。高校体育教学工作必须按照学生身心发展特点开展，才能达到预先制定的目标。因此，学生身心发展的规律是制定体育教学目标的重要依据。

2.学生全面发展的需要

教学与发展的问题是教育学的核心问题之一，它同教育学其他重大问题有这样或那样的联系。"发展"主要是指人的发展。关于人的发展历来是哲学、心理学、社会学、人类学和教育学等众多学科关注的重要课题。教育学把人的发展看作个体的人的天赋特性和后天获得的一切量变和质变的复杂过程，即由一个生物性的个体变成一个具有无限创造能力的社会成员，其中包括身体、智力、品德、审美和劳动技能等的形成和发展。

教育学中讨论的人的发展，既包括人的自然发展，又包括人的社会发展。人的自然发展和社会发展是密切关联、相辅相成的，当然，也有自然发展包含着一部分社会发展和社会发展包含着一部分自然发展的情况。由此可知，学生个体发展实质上是人的自然成长因素、社会因素和基于社会的教育过程综合作用的结果，这也说明了为什么学生在同样的教育环境中会表现出不同的学习能力和发展水平。

作为体育教学的主体——学生，无论是否接受体育，都会在自然因素和社会因素的影响下成长和发展。而体育教学的作用则是通过体育的手段引导、鼓励学生，使其能够更为健康地成长、发展。由于体育教学的任务是培养、塑造处于不断发展中的人，所以体育教学的主要目标是"发展人"。

二、高校体育教学目标制定的要求

（一）明确

明确是制定体育教学目标的基本要求，只有体育教学目标达到这一要求，体育教师才能在体育教学中选用正确的体育教学方法，合理组织体育教学过程。

（二）一般与具体相结合

体育教学目标是具体的目标，对具体目标的制定要以体育课程标准中提出的一般目标为依据，只有这样，才能使具体目标发挥统一指导的作用，才能促进体育教学活动的有序开展。

（三）有一定的弹性

体育教学目标要符合学生的实际与个性，就必须在设计时保留一定的弹性，对目标的上限和下限予以明确。上限是为基础好的学生能够得到进一步发展，满足其个性需求而设置的，下限是要保证基本的教学质量。

（四）注意纵横关系

在制定体育教学目标时，要充分考虑目标的纵横关系，使目标之间相互配合。

第三节　高校体育教学目标的体系

高校体育教学的总目标是促进大学生身心健康、全面发展，提高大学生的体育意识与体育锻炼能力，使之成为满足社会主义现代化建设所需的高层次人才。高校体育教学的总目标从根本上反映了体育的本质特征，是我国体育发展的基本要求，也是大学生社会化发展的需要。在高校体育教学总目标的指导下，要逐步实现具体的多维目标。

一、基础目标——以体强体

强体是体育学科的基础功能，也是学生系统化参与体育学习的首要目标。从高校体育教学的定位来看，通过面向不同大学生开展具有差异化、针对性的体育教学，能够使大学生的健康水平得到有效提升。同时，高校要按照大学生的成长规律制定体育教学方案，对大学生的体质健康状况进行动态追踪，为大学生健康成长提供科学、有效的保障。高校通过开展系统化的体育教学，有助于提升大学生的身体素质。

二、重要目标——以体铸品

铸品是体育教学的核心功能，也是体育教学的重要目标。品行是一种内在修养，是自我约束与规范行为举止的重要体现。大学生通过参与体育活动，能够自觉进行自我约束，实现从外在行为到内在心理的全面提升。同时，体育教学具有极强的实践特征与示范效应，在开展体育教学过程中，通过评比先进模范、树立典型榜样，能够对大学生的行为举止产生直接影响，有助于大学生"见贤思齐"，提升品德素养。

三、关键目标——以体立德

立德是体育教学的灵魂，也是体现体育教学价值的关键目标。体育教师通过挖掘体育学科中蕴含的德育元素，结合大学生实际进行合理引导与专项培养，能够使道德体验有效转化为大学生的内在道德品质，提高大学生的道德认知水平。此外，在当前推进体育课程改革进程中，除了要做好"强体育人"，更重要的是挖掘体育课程中蕴含的德育内容，以体立德。

　　高校体育教学的目标基本围绕运动能力、健康行为和体育道德来设置，其中，强体是基础，健康行为是大学生成长的重要要求，体育道德则是体育学科的灵魂，与培养"全面发展的学生"的目标相一致。

　　上述目标并不代表高校体育教学的全部目标，更多的是对相似目标的整合。以强体为例，既包含了大学生身体素质的提升，也包含了大学生运动技能的提高。因此，要结合高校体育教学实际以及大学生的成长规律，不断完善、优化体育教学目标。

第四节　高校体育教学目标的改革与管理

一、高校体育教学目标改革的思路

（一）强调快乐情感体验

　　在高校体育教学中，应使学生通过学习体育课程，感受到体育的魅力，体会体育的乐趣，获得良好的体验，这也是新课程理念强调的重点。学生只有获得良好的体验，才能积极主动地学习体育知识、练习体育技能，才能保证教学的质量与学习的效果，才能顺利实现体育教学目标、完成体育教学任务。因此，高校体育教学目标的改革要满足学生情感体验的需求。

（二）注重对学生体育能力的培养

　　传统体育教学一般是教师机械地传授知识与技能，学生被动地接受，在一段时间的教学后，教师考查学生是否掌握了所学知识，学生的运动技能是否达到一定的水平。教师不关心学生是否具备基本的学习能力与体育能力，这就直接影响了学生主动性的发挥。素质教育要求培养学生的学习意识和学习能力，因此，在体育教学中，教师应注重对学生体育能力的培养，引导学生养成自觉参与体育锻炼的习惯。

（三）尊重学生的个体差异

新课程理念对确立课程学习中学生的主体地位进行了特别强调，主要体现在以下两个方面：第一，课程教学要使学生个体发展需要尽可能地得到满足；第二，重视学生的个体差异，使每个学生都能从中受益。学生的个体差异是客观存在的，体育教师只有尊重学生的个体差异，才能因材施教，使每一个学生都能学到自己需要的知识和技能。

（四）重构师生共适的体育教学目标

高校体育教学目标的实现不仅需要教师明确教的目标，还需要学生明确学的目标，只有将二者统一起来，高校体育教学的总目标才能实现。但在当前我国高校体育教学中，教育工作者往往认为教学目标就是教师教的目标，教的目标是主要目标，学生学的目标总是被忽视，教的目标与学的目标出现偏离，导致学生对体育课没有太大兴趣，体育教学效果不好。事实上，在体育教学中，教师教的目标和学生学的目标同等重要，因此，要让师生共同制定教学目标，使教的目标与学的目标有机结合，使教师教的需要和学生学的需要都得到满足。

（五）注重与基础教育阶段体育教学目标的衔接

合理衔接各阶段的体育教学目标既是学生成长规律的要求，也是促进学生体育学习持续发展的需要，将大、中、小学体育教学目标衔接起来的同时要有所侧重，要根据各学段的体育教学特征制定相应的教学目标。小学阶段的体育教学目标要为中学阶段的体育教学目标奠定基础，同样，中学阶段的体育教学目标要为大学阶段的体育教学目标奠定基础。小学阶段的体育教学要重视对学生良好心理素质的培养，包括团结精神、协作意识以及自信心等。中学阶段的体育教学要重视对学生创造思维与创造力的培养。大学阶段的体育教学要重视完善学生的人格，为学生提供展示个性的舞台与机会，使学生的创造力有发挥的空间。大、中、小学各阶段的体育教学目标相互衔接，体现了体育教学目标体系的层次性、系统性以及整体性，使学生通过系统的体育学习获得良好的身体素质和运动能力。

二、高校体育教学目标的科学管理

（一）正确处理体育教学知识传承目标与育人目标的关系

体育教学的知识传承目标主要是指使学生熟练掌握运动技能，但学生在体育学习中只掌握运动技能是远远不够的。任何学科的教师都承担着"教书育人"的重要使命，体育教师同样如此。在"教书育人"中，"教书"指的就是知识传承，"育人"主要是指对学生的培养与教育。因此，在制定高校体育教学目标时，不仅要注重传承体育知识、技能的教学目标，还要重视育人的教学目标，二者缺一不可，否则会影响学生的全面成长与发展。

（二）制定科学的体育课堂教学目标

在高校体育教学中，体育教学目标始终是争论的焦点，随着研究的不断深入，其发生了一定的变化，目前，我们将其归纳为包括"身体健康、运动参与、运动技能、心理健康与社会适应"四个方面的"四点论"。从本质上来看，各个阶段的体育教学目标是存在共性的，只是换了一种表述形式或对某些内容进行增删、改动。所以说，体育教学目标的基本内容是不变的。体育教学中使用频率最高的目标是体育课堂教学目标，因此，体育教师必须重视制定科学的体育课堂教学目标，为体育课的顺利开展提供科学指导，从而提高体育课堂教学质量。

第四章　高校体育教学方法

第一节　高校体育教学方法的
概念与特点

一、高校体育教学方法的概念

高校体育教学方法是指在高校体育教学过程中，为了达到高校体育教学目标和实现高校体育教学目的而采取的可操作的教学方式、途径和手段的总称。

二、高校体育教学方法的特点

高校体育教学方法与其他学科的教学方法既有共同的特点，又有其自身独特的特点。高校体育教学方法的特点主要表现为以下几个方面。

（一）可操作性

体育教学方法的作用方式、具体步骤、施用对象的具体要求等，都应是可以操作的，因此，可操作性是体育教学方法的基本特点。评价体育教学方法好坏的一个重要方面，就是看它是否具有较好的可操作性。可操作性不仅有利于体育教学方法作用的有效发挥，也有利于优秀体育教学方法的推广。

（二）实效性

体育教学的目标和任务确定之后，需要借助一定的教学手段、运用一定的教学方法予以实现。也就是说，体育教学方法的选择和运用不是随意的，在教学过程中，体育教师所运用的教学方法，不仅要有利于体育教学目标、任务的实现，而且要有利于教学效率的提高，能够充分调动学生的积极性，保证体育教学的质量。例如，体育教师为了让学生了解人体运动时所参与的肌肉群，可以运用多媒体技术把人体运动时所参与的肌肉群演示出来。如果体育教师想增加体育课的练习密度，可以运用循环练习法。这就是体育教学方法的实效性特点。如果体育教师机械地运用一种教学方法，学生的学习效果也较差，那么就该考虑是否需要运用其他的教学方法或创造新的教学方法。运用新的教学方法或创造新的教学方法时，体育教师也要考虑其实效性。

（三）针对性

体育教师应针对不同的教学任务、不同的教学对象、不同的教学过程选择不同的教学方法。新的教学方法的产生往往也是为了解决体育教学实践中存在的问题。因此，不同的教学方法有自己独特的功能和适用范围，实现着不同的教学目标。例如，针对体育知识和体育技术的教授有不同的教法；新授课、复习课、综合课也有不同的教法；所谓"因材施教"，是针对不同基础和兴趣的学生要采用不同的教学方法。总之，针对不同的教学对象和教学过程，体育教师要灵活运用不同的教学方法。

（四）时空性

体育教学方法存在于不同的教学过程当中，甚至在同一教学过程的不同阶段也有不同的教学方法。相对于同一教学过程，有开始、发展和结束阶段。在体育教学的不同阶段，师生之间的地位发生着规律性变化，教学方法也随之起着不同的作用。在体育教学的开始阶段，教师的主导地位与作用较明显，随着时间的推移，学生的主体地位与作用逐渐突显。首先，体育教师要运用一定的教学方法诱发学生的内在动力，激起他们的学习兴趣；其次，体育教师要组织学生参与各种活动，使其感知、理解与掌握教学内容；

最后，体育教师要对学生的学习结果进行评价。反过来，对照教学目标的完成程度，体育教师制订新的教学计划，开始新的教学过程，如此循环往复。这样时空交替往复的教学过程，体现了体育教学方法的时空性。

（五）时代性

教学方法有其产生、发展的历史，体育教学方法亦是如此。不同的历史时期有不同的体育教学方法，这些体育教学方法受不同历史时期哲学思想、教育理念的影响。近年来，随着科学技术的发展，多媒体技术开始进入体育教学领域，突出体现了体育教学方法的时代性特征。体育教学方法随着社会的变化和体育教学的发展而不断发展，体现了社会的发展与时代的要求。同时，体育教学目标、任务与教学内容也在影响着体育教学方法的发展。在体育教学实践中，体育教师必须根据时代精神和体育学科的发展需要，勇于开拓，推陈出新，使体育教学方法适应体育教学的实际需求。

第二节　高校体育教学的常用方法

一、以语言传递信息为主的高校体育教学方法

以语言传递信息为主的高校体育教学方法是指教师运用口头语言向学生讲授体育知识、传授运动技能的教学方法。以语言传递信息为主的高校体育教学方法有讲解法、问答法和讨论法。

（一）讲解法

讲解法是体育教师运用逻辑分析、论证，形象描绘、陈述，启发诱导性设疑、解疑，使学生在较短的时间内获得全面而系统的知识的一种方法。讲解法是一种常用的教学方

法，其他的教学方法都要依托于讲解法。然而，由于体育教学的特点，体育教师在体育教学过程中不能过多地使用讲解法，不能形成"满堂说"和"满堂讲"的局面，而是要"精讲多练"。但是，也不能"只练不讲"，因为"既懂又会"的教学目标要求体育教师有高超的讲解水平，而"精讲"正是体育教师高超讲解水平的表现。

（二）问答法

问答法，也称谈话法，是教师和学生以口头语言问答的方式完成体育教学任务的一种方法。问答法的优点是便于启迪学生的智慧，培养学生的思考能力和语言表达能力。体育教学中的问答与文化课课堂上的问答在形式上有以下不同：①体育教学中的问答往往是用简短的语言进行的；②体育教学中的问答不能有太长时间的讨论；③体育教学中的问答以伴随练习的思考为线索；④体育教学中的问答分散在练习和讲解之中。

虽然广大体育教师注重运用问答法提高教学质量，但提出的问题过于浅显，使得提问失去了启迪学生智慧的意义。例如，体育教师在体育教学过程中提出下列问题：①老师做得怎么样？②大家做练习的积极性高吗？③他做得好吗？如果他做得好，就给他鼓鼓掌。第一个提问几乎没有任何教学意义，反而有点自吹自擂的意味，而且学生未必知道教师的示范好在哪里。第二个提问看似在引导学生进行自我评价，实际上评价的结论只能有一个——练习的积极性高，这样的提问不仅没有任何意义，而且显得非常奇怪。第三个提问也是如此，由于做示范的学生是教师挑出来的，其他学生自然要回答"好"，因此，也没有教学意义。三个提问都只需要很浅显的判断，而且没有第二个答案，因此是"不成为问题的提问"。美国著名体育教学论专家西登拓扑（D. Siedentop）将提问归纳为四种类型，具体见表4-1。

表 4-1　提问的四种类型

回顾性的提问	归纳性的提问	演绎性的提问	价值判断式的提问
这是记忆性的问题，一般用"是"和"不是"来回答。例如，运球时，你的眼睛离开过球吗？	这是对以前提出的问题的归纳，回答这类问题时往往需要说明理由，而且答案可能是各种各样的。	这是运用以前学过的有关知识解决新问题的提问方法，回答要求有一定的创造性，但回答不必都是具有实证性的事实，学生在回答这类问题时会有各种各样的答案，也可能都是正确的。	这种提问是一种态度上、认识上的提问，但答案并不是"正确"和"不正确"这类绝对性的判断。

根据西登拓扑对提问的归类，上述的三个提问应换种表述方式，具体如下：

①"想想刚才老师做的动作和你们自己做的动作有哪些不一样的地方？"学生可以归纳出老师做的动作与自己做的动作的不同点，不存在好坏的评价，属于归纳性的提问。

②"大家评价一下第一组和第二组，哪组做练习的积极性高？为什么这样说？"学生可以自主判断，属于价值判断式的提问和归纳性的提问。

③"谁来回答一下，他做的示范好吗？好在哪里？有哪些不足？"这属于价值判断式的提问和归纳性的提问。

（三）讨论法

讨论法是通过讨论或辩论活动，使学生获得体育知识或学习运动技能的一种方法。讨论法的优点在于能促进全体学生积极参加体育活动，培养学生的合作精神，同时还可以激发学生的学习兴趣。在高校体育教学中，由全体学生参加的讨论较难实现，效率也比较低，因此，高校体育教学中的讨论往往是以"小群体教学"的形式进行的。

二、以直接感知为主的高校体育教学方法

以直接感知为主的高校体育教学方法是指教师通过对实物或直观教具的演示，使学生利用各种感官直接感知客观事物或现象而获得知识的一种教学方法。以直接感知为主的高校体育教学方法有动作示范法、演示法、纠正错误动作法。

（一）动作示范法

动作示范法是教师以自身完成的动作为范例，指导学生学习的一种方法。动作示范法是体育教师常用的教学方法，它在使学生理解所学动作的技术要点、领会动作特征方面具有独特的作用。

1.动作示范的示范面

由于运动动作具有多样性，因此教师的动作示范要注意示范面。示范面是指学生观察教师示范的视角。示范面有正面示范、背面示范、侧面示范和镜面示范之分。

（1）正面示范

教师与学生相对站立进行的示范是正面示范。正面示范有利于教师展示动作的正面，如球类运动的持球动作多用正面示范。

（2）背面示范

教师背向学生站立进行的示范是背面示范。背面示范有利于教师展示动作的背面或左右移动的动作，以及动作的方向、路线变化等，如武术套路教学常采用背面示范。

（3）侧面示范

教师侧向学生站立进行的示范是侧面示范。侧面示范有利于教师展示动作的侧面，如跑步中的摆臂动作和腿的后蹬动作。

（4）镜面示范

教师面向学生站立进行的与学生同方向的示范是镜面示范。镜面示范的特点是学生和教师的动作两相对应，教师领做，学生模仿。例如，在做徒手操的过程中，学生完成的动作是左脚左移半步成开立状，教师的示范动作与学生的动作相对应，则是右脚右移

半步成开立状。

2.动作示范的要素

（1）速度

为了帮助学生建立完整、正确的动作表象，教师应注意根据不同的情况运用不同的速度进行示范。一般的情况，教师可用常规的速度进行示范，但为突出显示动作的某些环节，应采用慢速示范。

（2）距离

教师应根据完成动作示范的活动范围、学生人数和安全需要等恰当确定学生观察动作示范的距离。

（3）视线

学生视线与动作示范面越接近垂直越有利于观察。在多数学生以横队形式观察示范动作的情况下，越靠近横队两端的学生，其视角就越不垂直。因此，学生观察示范动作的队形不宜拉得太宽。学生多时，教师应让学生排成若干排横队观看示范动作，避免横队前列的学生遮挡横队后列学生的视线。

（4）多感官配合

教师的动作示范应与讲解紧密结合，以取得良好的教学效果。

3.运用动作示范法的基本要求

（1）动作示范要有明确的目的

动作示范要针对体育教学的实际需要进行，教师应区别以下三种动作示范：

第一种是认知示范。认知示范是使学生知道学什么的示范。这种示范的重点是使学生建立正确的动作表象。教师在进行这种示范时要引导学生注意整体，不要拘泥于细节。

第二种是学法示范。学法示范是告诉学生怎样学的示范。这种示范的重点是使学生了解动作完成的顺序、要领、关键、难点等。教师在进行这种示范时要引导学生注意关键的动作环节。

第三种是错误示范。错误示范是教师展示学生错误动作的示范。这种示范的重点是使学生认识自己动作的错误之处。教师在进行这种示范时既要突出错误的特征，又不能夸张。

（2）动作示范要正确、美观

正确是指动作示范要严格按动作技术的要求完成，以确保学生建立正确的动作表象；美观是指动作示范要生动，激发学生学、练的兴趣，消除学生的畏难情绪。

（二）演示法

演示法是教师在体育教学中通过展示各种实物、直观教具，让学生通过观察获得感性认识的一种教学方法。这种教学方法在高校体育教学中被广泛采用，它与讲授法、谈话法等教学方法的结合使用可以取得很好的教学效果。

由于体育技能学习有难以现场观察（因为动作较快）、难以自我观察等特点，因此演示法和示范动作法一样，是非常重要的教学方法。实践证明，演示法不仅能为学生学习运动技能提供丰富的感性材料，还能激发学生学习的兴趣，提高学生学习的效果。

（三）纠正错误动作法

纠正错误动作法是体育教师为了纠正学生的错误动作所采用的一种教学方法。在高校体育教学中，学生技能提高的过程伴随着错误动作的不断出现与不断纠正。纠正错误动作不仅是学生掌握运动技能的需要，也是避免运动损伤的需要。

学生错误动作产生的原因一般有以下几点：①学生敷衍了事；②学生对所学动作认识模糊；③学生受旧技能的干扰；④学生的学习能力较差。

教师纠正学生错误动作的注意事项一般有以下几点：①教师在指出学生错误动作的同时，也要充分肯定学生的进步，以利于学生接受，切忌讽刺和挖苦学生；②教师要纠正学生主要的错误动作，有时学生主要的错误动作被纠正了，相关的错误动作也就随之消除了；③教师要合理使用各种方法纠正学生的错误动作。

三、以身体练习为主的高校体育教学方法

以身体练习为主的高校体育教学方法是指那些通过身体练习和技能学习使学生掌握和巩固运动技能、进行身体锻炼的教学方法。以身体练习为主的体育教学方法有分解练习法、完整练习法、领会练习法和循环练习法。因为体育教学是以学生的实践活动为主要内容的，所以以身体练习为主的体育教学方法是实现体育教学目标的主要方法。

（一）分解练习法

分解练习法是指将完整的动作分成几部分，逐段进行教学的方法。它适用于"会"和"不会"之间有质的区别或运动技术难度较高而又可分解的运动项目。分解练习法的优点是降低了动作技术的难度，便于学生掌握，提高学生学习的信心。其缺点是不利于学生对完整动作的领会。

分解的方式有以下几种：

1.按照动作技术的结构顺序

例如，体操的"低杠挂膝上"是由助跑、挂膝和挂膝上三个主要动作组成的。教师可以引导学生按照动作技术的结构顺序先练习助跑以加强动力，再练习挂膝以加强动力连贯性，最后将助跑和挂膝上的动作串联起来，最终学会这个动作。

2.按照动作技术的结构反序

例如，跨栏是由助跑、起跨、过栏摆腿和落地四个主要动作组成的。教师可以引导学生按照动作技术的结构反序先练习落地和摆腿，再练习过栏动作，最后加上栏间助跑，串联练习，最终学会这个动作。

3.按照学习难度递增顺序

例如，蛙泳的学习可分为陆上模仿动作练习、水中局部动作练习和水中完整练习三段。教师可以引导学生按学习难度先练习陆上模仿动作，掌握"划、弯、伸"和"收、翻、蹬"动作后，再下水做扶池边的腿部练习和有同伴扶助的手臂练习，待较熟练后再做完整练习，直至最终学会蛙泳。

4.按照身体各部分的动作

例如，武术所涉及的身体各部分的动作有下肢动作、上肢动作、上体姿势和头部动作。有些难度较大的武术动作，如果整体学习学生就会有困难，因此，教师可以引导学生按照身体各部分的动作分解练习。

分解练习的顺序有分进式、连进式和递进式三种。分进式是指先对动作的各段逐段进行练习后，再全部连接起来完整地进行练习。连进式是指先对第一段进行练习，再将第一、二段连接起来进行练习，然后将第一、二、三段连接起来进行练习，如此相连，直至完成全部动作的练习。递进式是指先对第一段进行练习，再对第二段进行练习，然后将第一、二段连接起来进行练习，之后对第三段进行练习，最后将第一、二、三段连接起来进行练习，直至完成全部动作的练习。

分解练习时应注意以下几点：①划分动作时，应注意各分解动作间的联系，对动作的划分应易于连接，不破坏动作的结构；②使学生明确所划分的动作在完整动作中的地位；③分解练习法要与完整练习法结合运用。分解练习法的主要作用在于减少学生学习的困难，最终达到完整掌握动作的目的。所以，分解动作的练习时间不宜过长，只要学生基本掌握即可进行完整练习。

（二）完整练习法

完整练习法是从动作开始到结束，不进行动作的分解，完整、连续地进行练习的方法。它适用于"会"和"不会"之间没有质的区别、运动技术难度不高而没有必要进行分解或根本不可分解的运动项目。完整练习法的优点是练习中能保持动作结构的完整性，便于形成动作技术的整体概念和了解动作间的联系。其缺点是用于应该分解而又不宜分解的动作（如体操运动中的翻转动作）时会给学生学习带来困难。为了减少学生学习的困难，教师可采取以下做法：

第一，利用示范和演示帮助学生建立完整的动作表象。例如，让学生了解动作的方向、路线、节奏、速度等要素，帮助学生形成对动作的完整认识。

第二，抓住教学重点进行突破。虽然体操运动中的翻转动作不宜分解，但教师可以引导学生对其中的要素，如动力、动作时机和动作要领进行分析，找出动作的主要因素，有重点地进行练习，不要一开始就拘泥于动作的细节。

第三，有意识地降低对动作质量的要求。例如，体操动作的适当分腿、屈膝，武术动作中降低速度，篮球运动中的近距离投篮、发球等，但降低动作质量要求要以不形成明显的错误动作为限。

（三）领会练习法

领会练习法从强调动作技术转向培养学生的认知能力和兴趣。领会练习法以"项目介绍"和"比赛概述"为运动项目的开始，让学生了解该运动项目的特点和比赛规则，从而使学生一开始就对该运动项目有一个全面的了解。

领会练习法与传统的技能练习法的不同之处在于教师不是从基本的动作教起，而是先培养学生的战术意识。教师在介绍运动项目以后，结合实战向学生演示一些临场复杂的情况和应付的方法，培养学生全面观察情况、把握和判断时机以及应变的能力，使学生最终可以根据所学的战术，决定"如何去做"。

（四）循环练习法

循环练习法是根据身体锻炼的需要选定若干练习手段，设置若干个相应的练习站（点），学生按规定的顺序、路线逐站练习并循环的方法。循环练习的方式有多种，主要是流水式和分组轮换式两种。

循环练习法的特点：有多个练习手段，练习过程连续，练习内容多样，比较容易调整运动量、练习节奏和身体锻炼的部位，可以根据练习需要进行多样化的设计和安排，不仅能较全面地发展学生的体能、提高学生的运动能力，还能较好地提高学生学、练的积极性。

第三节　高校体育教学的创新性方法

一、探究教学法

在体育教学过程中，引导学生发现问题、分析问题，最终解决问题，使学生在探索、研究的过程中掌握知识和技能的教学方法就是探究教学法。在高校体育教学中，运用探究教学法应注意以下几点：

第一，目的明确。教师应预先制订探究计划，以促进体育教学目标的实现。目的不明确、与教学实际不符的探究活动不仅会浪费时间，还会阻碍课程目标的实现。

第二，与学生的知识水平相符。教师设计的教学内容必须以学生实际的知识水平为前提，教学内容太简单对学生学习兴趣的激发是无益的，教学内容太难会使学生失去学习兴趣与信心。因此，体育教师有必要提前了解学生的知识水平，引导学生进行力所能及的探究。

第三，针对学生通过努力仍然有一定困难的探究性问题，教师应加强对学生的引导、启发与鼓励，但不能代替学生进行探究活动。

二、微课教学法

微课教学是指教师根据学生的学习特点和学习进度，将微课资源与普通课堂相结合，从而实施教学的过程。微课教学的流程包括制作微课程学习视频、设计课堂学习形式、评价微课教学过程。微课教学可以使学生通过反复观看微视频从而形成良好的运动体验，逐渐领会技术动作的要点。微课教学包括以下环节：

（一）课前准备

课前准备主要包括制定体育教学目标、选取体育教学内容、设计体育教学活动以及安排教学场地、器材等。在这一环节要求突显主题，集中说明一个问题，设计相对完整的体育课堂结构。

（二）课中教学

微课虽然是一个课例片段，但要求结构完整。具体来说，课中教学包括以下环节：

第一，导入。微课的时间比较短，要注意快速引入课题，留出更多的时间用来讲授具体内容。

第二，教与学。教与学是微课教学的主体部分，以解决一个技术问题为主线，讲解力求精简，练习方法力求简单、有效。

第三，小结。课堂小结不在长而在精。体育教师要根据课堂的实际情况作出客观、有效的总结。好的微课小结可以起到画龙点睛的作用，加深学生对所学内容的印象。

（三）课后反思

在微课教学结束后，教师要反思整个过程，检查教学目标是否与教学规律相符。

三、自主学习法

在教师的指导下，学生以自身的实际需要和现实条件为依据制定目标、选择内容，进而完成学习目标的方法就是自主学习法。教师应多为学生提供自主学习的机会，这不仅有利于激发学生的学习热情，提高学生学习的主动性，而且能让学生产生满足感与成就感，增强其学习的自信心。自主学习法的实施步骤如下：

第一，学生制定学习目标，学习目标要明确，不能空而大，要在自己的能力范围内。

第二，学生根据学习目标选择学习方法。需要注意的是，学生选择学习方法并不是盲目的，而是在对自己已有的经验和知识进行充分考虑的基础上选择的。

第三，学生在完成一个阶段的学习之后，对照之前制定的目标，看自己是否完成了目标，完成的质量如何，也就是自己对自己在这一阶段的学习状况进行评价。

第四，学生在进行自我评价后，清楚自己在学习中存在哪些不足并为下一阶段的学习制定新的目标。

四、合作学习法

学生在小组或者团队中，为促进共同的学习目标的实现，有明确的责任分工的互助性学习形式就是合作学习。教师在指导学生进行合作学习时，要使学生意识到自己在小组或者团队中的重要性，明确自己的角色定位，这样才能激发其责任感。合作学习法的实施步骤如下：

第一，分组。

第二，小组成员集体讨论并确定本组所要达到的学习目标。

第三，确定学习目标后，小组内再进行具体的分工，这一步需要教师的指导与帮助。

第四，小组成员明确自己的职责与任务，由组长领导，合作完成任务。

第五，结束小组学习活动后，每个小组派代表发言，谈谈自己的感受与心得，各个小组之间进行交流，共同进步。

第五章　高校体育教学模式

第一节　高校体育教学模式的
内涵和特征

一、高校体育教学模式的内涵

在体育教学研究领域，对体育教学模式的理解是多种多样的，主要有以下几种：

方建新认为，体育教学模式是在一定的体育教学思想指导下，具有一定典型意义且相对稳定的课堂教学结构。

毛振明认为，体育教学模式是体现某种体育教学思想的教学程序，它包括相对稳定的教学结构和相应的教学方法体系。

李杰凯认为，体育教学模式是蕴含特定体育教学思想，针对特定体育教学目标，在特定体育教学环境中实现其特定功能的有效教学活动结构和框架，是以简化形式表达的体育教学思想和教学组织策略，是联系体育教学理论与体育教学实践的纽带。

汪文生认为，体育教学模式是在一定的体育教学思想或体育教学理论的指导下，在特定的条件和环境中，为了实现体育教学目标所建立的相对稳定的教学程序及其方法的策略体系。

综上，笔者认为，高校体育教学模式可被理解为高校体育教学组织活动的一整套方法论体系，其实质是在一定的体育教学思想或体育教学理论的指导下，为实现特定体育教学目标而设计的相对稳定的教学活动程序，是连接体育教学理论和体育教学实践的纽带和桥梁。

二、高校体育教学模式的特征

（一）整体性

体育教学模式是从整体上对体育教学活动加以规范的基本框架,既要对教学的各要素（如教师、学生、教材、场地、器材等）及其内在关系进行研究,又要对时间、气候等影响体育教学的外在因素进行分析,以便更加科学地制定体育教学目标、选择体育教学策略,规范师生活动,进而构建基本的体育教学框架,并通过教学实践对已建立的体育教学框架进行调整与修正,以促进体育教学模式在体育教学活动中发挥作用。

（二）灵活性

体育教学模式在操作上具有一定的灵活性,不仅方便教师以教学任务、教学条件为依据选择具体的教学模式,而且方便教师以学生的特点为依据创造新的教学模式。

（三）相对稳定性

不同体育教学模式的教学过程与教学结构各有差异,但每种体育教学模式的结构具有相对稳定性的特征。如果一种体育教学模式比较成熟,并且在对其加以运用的过程中教学条件、教学对象、教师教学水平与该模式的特点相适应,那么就能取得良好的教学效果。

（四）可操作性

每种体育教学模式都有其特定的操作程序,先做什么,后做什么,将每个环节安排得井然有序。由于体育教学活动具有突出的复杂性和特殊性,所以没必要像自然科学实验那样进行精确的控制。例如,"六阶段教学模式"是按"提出要求—开展自学—讨论启发—练习运用—及时评价—系统小结"的程序依次进行的,具有不可逆转性,但可以根据实际情况灵活调整其中的某些步骤。

（五）优效性

体育教学模式一般是从众多的体育教学活动方式中提炼出来的,经过优选的一种模式。教学模式只有取得良好的教学效果,才能被广大教师认同和运用。如果一种教学模式不是优效的,它就会被淘汰。因此,为了保证优效性,体育教学模式就必须不断发展和创新。

（六）简明性

体育教学模式的结构和操作体系是以精练的语言、象征性的图像、明确的符号来概括和表达体育教学过程的,这样既能使经验理论化,又能在人的头脑中形成一个比抽象理论更为具体、简明的框架。

第二节 高校常用体育教学模式和创新性体育教学模式

一、高校常用体育教学模式

（一）运动技能传授模式

运动技能传授模式指的是体育教师在运动技能教育观的指导下,从运动技能形成规律出发而设计体育教学程序的一种教学模式,也被称为传统体育教学模式。这种模式主要是通过学习动作技术达到掌握运动技能的目的。体育教师应先准确理解与深刻把握动作技术的特征,在此基础上传授学生运动技能,从而实现运动技能领域的教学目标。

（二）主动性体育教学模式

主动性体育教学模式是指体育教师在体育教学中创造条件使学生充分发挥自主性，提高学生学习积极性的一种教学模式。主动性体育教学模式能够有针对性地培养学生的主体意识，有利于提高学生的自主学习能力。该模式要求学生有良好的学习自觉性和一定的自学能力，否则教师运用这一教学模式将无法取得预期的教学效果。

（三）小群体体育教学模式

小群体体育教学模式指的是体育教师按某些共性和特殊性的联系将学生分成若干个学习小群体，使学生在互动、互助、互争的学习活动中获得知识与技能、陶冶性情、完善人格的一种教学模式。小群体教学模式由创设疑难情境、观察学生对情境的反应、群体研究、分析探究过程以及循环活动五个环节构成。

（四）快乐体育教学模式

快乐体育教学模式指的是在体育教学中以运动为基本理念，采用合适的教学方法增强学生的体质，使学生获得快乐体验的一种教学模式。快乐体育教学模式有利于调动学生学习的积极性和主动性，它能够在无运动技术要求的情况下使学生主动练习，从而提高学生的运动技能。教师采用快乐体育教学模式时，要注意避免教学内容的单一和教学方法的重复，否则会影响学生的学习兴趣。

（五）启发式体育教学模式

启发式体育教学模式指的是围绕学生开展体育教学活动，以学生的积极主动性为基础，引导学生积极思考、独立探究，发现并掌握知识，最后得出相关结论的一种教学模式。传统体育教学模式注重的是"教法"的改革，而忽视对"学法"的研究，启发式体育教学模式转变了思考问题的角度，从研究教法的圈子中跳出来，鼓励学生探索知识，培养学生的探索精神和创新能力。

二、高校创新性体育教学模式

（一）俱乐部教学模式

体育俱乐部是社会团体公共娱乐的总称，最早源于欧美，将体育俱乐部应用于高校体育教学，实施俱乐部教学模式，主要就是依托俱乐部的教学形式组织体育教学。俱乐部教学模式的教学内容丰富，学生可以根据自己的兴趣、爱好自主选择课程。此外，学生还可以自主选择上课内容、上课时间，甚至可以自主选择教师。在采用俱乐部教学模式时，教师可以使用多种教学方法，如启发教学法、情境教学法等，充分发挥学生的主体性并根据学生的实际情况对其进行个性化指导。

（二）成功体育教学模式

1.成功体育教学模式的含义及指导思想

成功体育教学模式是近年来在"成功体育"教学思想的影响下逐渐形成的一种教学模式。该模式主要面向学习有困难的学生，重在创造条件让学生体验体育学习的乐趣，通过连续取得成功的积累，逐步建立对体育学习的信心。

成功体育教学模式的指导思想：①主张让学生多体验成功但不否认失败；②既强调竞争的作用，也重视协同的作用；③主张将相对评价与绝对评价结合起来；④主张营造和谐的学习氛围；⑤强调既懂又会的学习效果。

2.成功体育教学模式的教学程序

在教学单元的前期和后期，都有改造过的练习方法或比赛方法，这些方法多采用"让位"、相对评价等手段，将练习和比赛变成让学生都能参加并能体验到乐趣的活动。通过这些环节，每个学生都有一个针对自己条件的努力目标，能够最大限度地激起学生学习的积极性。

（三）结构-定向教学模式

学生的心理结构对教学效果有着重要影响,依据学生的心理结构形成规律而开展定向教学工作就是定向化教学。将结构-定向教学模式运用到高校体育教学中，需特别注意以下几点：①科学制定教学目标；②确定动作定向，创设学习情境，为教学组织的整体性与最优化提供保障；③组织小组协作学习；④在"反馈—矫正"坏节要运用多种反馈方式；⑤强化练习设计。

（四）网络教学模式

网络教学的特点是虚拟情境，即认知和实践相分离。虽然学生只通过网络学习无法实现掌握运动技能的目标，但网络教学以其强化认知、增加反馈等功能为学生成功掌握运动技能提供了外部条件与基础保障。随着信息技术在高校体育教学中的广泛应用，网络教学、课堂教学、正式比赛（合称"三元"）和体育学习共同体（简称"一体"）共同组成了"三元一体"体育教学模式。"三元一体"体育教学模式中的正式比赛多安排在课外，目的是培养学生的实践能力及综合运用能力，若在课堂上组织比赛，不仅规模、时间有限，而且无法取得良好的效果，而利用课外时间组织比赛，则规模、时间都能得到保障。

第三节　完善高校体育教学模式的策略

一、学习与借鉴国外成功的经验

完善高校体育教学模式，需要学习与借鉴国外成功的经验，那些能够培养学生各方面能力和提高学生学习兴趣的体育教学模式是我们学习的重点。需要注意的是，在借鉴与学习国外成功的经验时要有选择地取舍，避免完全照搬，要将国内外的体育教学模式结合起来，取长补短。因为国情不同，体育教学情况也就有所不同，如果一味倡导"拿来主义"，就会失去中国体育教学的特色。因此，必须注意借鉴的合理性与适当性，在学习的基础上构建中国特色体育教学模式。

二、探索适合本校的体育教学模式

随着体育教学模式的不断丰富，多种教学模式并存的现象日益凸显。但是，因为不同高校的体育设施、办学条件、体育传统、师资力量都有一定的差异，即使采用同一种体育教学模式，也会产生不同的效果。这就要求体育教师不能一味地对现有的体育教学模式加以引用，而是在对本校特点与各方面资源综合考虑的基础上，对现有的体育教学模式进行合理的改进。

三、建立科学的体育教学评价机制

在评价环节，教师除对学生的课堂表现给予关注外，还要不定期检查学生在这一阶段的学习成果，对学生的学习情况有真正的了解。而且，在学期末的评价中，教师不能只看考试成绩，要综合考虑这一学期学生各方面的情况。另外，体育教师也可以通过客观而准确的评价结果对本学期主要采用的体育教学模式进行调整与完善，以便在下一学期更好地采用该模式开展体育教学，提高教学效果。

第六章 高校体育教学改革

第一节 高校体育教学改革的迫切性

一、我国高校体育教学面临的困境

（一）教学思想落后

增强学生体质一直是我国高校体育教学的主要目标，虽然近些年来这一目标有了改变，在此基础上开始重视"育人"，关注新型人才的培养。然而，在高校体育教学实践中，以竞技项目为主要内容的课程体系仍然占据着重要地位，现有的课程内容对终身体育观念和素质教育观念的贯彻落实是不利的。

（二）体育场地设施缺乏

近些年，我国普通高校不断扩招，学生数量的增长速度远远超过了高校体育场地设施的建设速度。场地设施的不足严重影响了学生参加体育活动的积极性。学生因为没有充足的场地和完备的设施而对体育活动的兴趣逐渐下降，对体育学习也越来越不重视。

（三）体育教师的专业素质有待提高

有些高校引入了许多新的运动项目，以满足学生的个性化需求。然而，新引入的运动项目没有专业的教师来教，大多是其他运动项目的教师兼顾这些项目的教学，因而导致新兴项目的教学质量不高。当前，我国普通高校的体育教师，技术型、训练型的教师居多，这类教师虽然掌握了一定的运动技能，但在理论教学和科研方面的能力还比较欠缺，而且对专业以外的运动项目不是十分了解，也没有给予重视。此外，创新能力不足也是大多数体育教师存在的问题。

（四）体育教学工作质量不高

高校体育教学目标应突出一定的个性，将高校体育的特殊性展现出来，但从当前各高校制定的体育教学目标来看，并未满足这一要求。终身体育、个性发挥和能力培养等虽然在体育教学中一直被强调，但大多是纸上谈兵，没有具体的计划和明确的方案，因而体育教学工作的开展也就失去了方向。此外，虽然高校在制定体育教学目标和选择体育教学内容方面体现出了全面性和多元性的特征，但重点并不明确，因此，深化高校体育教学改革刻不容缓。

二、大学生体质健康状况不容乐观

随着社会的发展，人们的生活条件普遍得到改善，高脂肪、高热量食品不断涌上餐桌；手机、电脑、平板等电子产品逐渐进入人们的日常生活，网络的发展在给人们的生活和工作带来极大便利的同时，也在一定程度上对人们的身体健康产生了极大的危害。有些人缺乏自我约束和控制能力，用手机玩游戏、聊天占用了大部分时间，而极少进行体育锻炼，时间久了必然会影响身体健康，导致视力下降、体重增加等。

目前，大学生体质健康状况不佳已成为我国高校普遍存在的问题。对此，可从以下两个方面着手：一方面，要更新教育理念，指导学生掌握科学的健身方法，改变学生被动参加体育活动的局面，让学生主动参与，养成锻炼的好习惯；另一方面，要注重培养大学生的体育意识，大学生身体素质下降的原因虽然是多方面的，但是体育意识的淡薄是影响大学生身体健康的一项重要因素，高校体育教师要充分利用一切可以利用的场馆资源、体育设施，鼓励大学生积极参加体育运动。

三、"立德树人"教育目的的提出

在我国实施素质教育的背景下，体育教学作为教学体系中必不可少的一部分，不仅能增强学生的体质、培养学生的意志品质，还是推动实现立德树人根本目标的重要载体。因此，高校体育教学改革要与德育相结合。在大环境卜，高校体育教学必须紧跟潮流，既要满足学生的需求，也要适应社会发展的需要。

第二节 影响高校体育教学改革的因素

一、宏观因素

（一）指导思想

指导思想是高校体育教学改革的行动指南，对高校体育教学改革的方向有直接影响。笔者通过相关调查发现，指导思想对高校体育教学改革的影响非常大。从历史的视角来看，我国高校体育教学的指导思想曾有过三次较大的改变。中国人民共和国成立初期，"增强体质、锻炼身体、保卫祖国"是高校体育教学的中心任务，各高校围绕这一中心开展体育教学活动。20 世纪 90 年代以来，以"终身体育"为指导思想的高校体育教学改革占据了主导地位。21 世纪以来，教育部明确强调学校体育要坚持"健康第一"的指导思想，在"健康第一"指导思想的影响下，高校体育教学改革的浪潮又一次被掀起。

（二）价值取向与目标

价值取向与目标是高校体育教学过程中主体选择的反映，是高校体育教学改革的行动准则。价值取向与目标对高校体育教学改革有重要影响。在高校体育教学改革过程中，技术教学思想、体质教学思想、终身体育思想、健康教育思想都离不开"以人为本""以学生为本"的主体选择，以培养能力、发展学生个性、养成自觉锻炼习惯为中心的教育理念在高校体育教学中长期存在，不管经过多少次改革，都不能脱离这一教育理念。高校体育教学改革的最终目标就是增强学生的体质，提高学生的体育素养。在尊重人性方面，高校体育教学改革从本质上对体育与身心发展的关系进行了梳理，实现了体育价值取向从"增强体质"到"促进健康"的转化。

（三）社会需求

体育不仅是一门课程，还应成为高校培养新型人才的重要组成部分，从而更好地为社会发展和国家建设服务。因此，让学生对体育锻炼有正确认识，使学生树立良好的体育价值观，掌握相应的体育锻炼技能，养成终身锻炼的体育习惯，促进学生身心健康发展是高校体育教学改革的重点。

二、中观因素

（一）高校体育体制

高校体育体制是指在国家层面形成的主管高校体育实践活动的机构和部门，以及其管理权限优化分配和制定的各种规章制度的总称。体育体制改革直接影响我国高校体育教学改革，同时，体育体制改革又会受到教育体制改革的影响。中华人民共和国成立以来，我国高校教育体制进行了数次改革，从"应试教育"体制到"素质教育"体制、从"学年制管理模式"到"学分制管理模式"、从"行政管理体制改革"到"教学管理体制调整"、从"招生培养体制"到"学科课程设置"等，无论是怎样的改革，都会带来教学上的变化。从根本上讲,高校体育教学改革的发展必然会受到高校体育体制改革的影响。

(二)高校体育制度

高校体育制度是指依托具体的学校资源所形成的具体指导体育实践活动的体育机构体系,它由体育管理部门监督和调控,具有管理和指导功能。回顾我国高校体育几十年来的制度变迁,高校体育制度的修订给高校体育教学改革带来了极大的活力。高校体育制度的变迁和教育制度的发展具有密切关系,高校体育制度的完善会给高校体育教学的改革指明方向。

三、微观因素

(一)体育课程

回顾近些年我国高校体育教学改革的过程,体育课程对体育教学方法和体育教学模式的创新产生了重要影响。

(二)教学方法

一般来说,传统教学方法对高校体育教学改革的效果影响较小,新型教学方法对高校体育教学改革的效果具有较大影响,先进的、适合学生发展的教学方法对高校体育教学改革的效果具有非常大的影响。

(三)教师和学生

1.教师

教师是体育教学改革的执行者,在整个教学过程中起主导作用。教师对高校体育教学改革效果的影响取决于教师的综合素质,包括教师的教学能力、科研能力与管理能力等。

2.学生

在体育教学改革中,学生起主体作用,在一定程度上,学生是体育教学改革的受益者。很多学者将影响高校体育教学改革的因素归因于学生体质状况、学生对体育的兴趣、学生体育锻炼习惯。可见,学生对高校体育教学改革的影响非常大。

（四）教学效果评价

教学效果评价是指对高校体育教学改革成效的评价,可以说,体育不可能脱离教学评价而存在,在体育教学改革过程中,体育教学效果评价占有重要地位。合理、公正的评价不仅有利于激发学生的学习兴趣,而且有利于及时发现改革中存在的问题。

第三节　高校体育教学改革的趋势

一、更加重视培养大学生的健康素质

体育教学在增强学生体质、促进学生健康发展方面发挥着积极作用。高校体育教学以多维健康观为基础,全面贯彻"健康第一"的指导思想,不断促进体育教学改革的深化。具体来说,高校体育教学改革更加重视培养大学生健康素质的趋势主要表现在以下两个方面。

（一）提高大学生的身心健康水平

高校体育教学必须服务于大学生的健康发展,这是由体育的本质决定的。高校体育教学对"健康第一"指导思想的贯彻最直接地体现在提高大学生的体质健康方面,体质健康是大学生整体健康的前提与基础。大学生体质健康水平的提高不仅是学生完成学业的需要,同时也是学生保持终身健康的需要。

心理疾病对大学生的影响要比生理疾病对大学生的影响更严重。随着时代的发展，社会各领域的竞争变得日趋激烈，这就对大学生的心理发展水平提出了更高要求。所以，提高大学生的身心健康水平是高校体育教学改革的目标之一。

（二）提高大学生的社会适应能力

大学生身心是否健康，直接由其社会适应能力决定。从社会文化角度而言，可以将体育活动看作对社会生产和社会生活的一种模拟。有人将体育课堂称作"课堂社会"，认为体育精神是现代社会精神的缩影。因此，现代高校体育教学越来越重视培养大学生的社会适应能力。

二、更加关注终身体育

在高校体育教学改革实践中，广大体育工作者深刻认识到，传统的体育教学往往注重的是增强学生的体质，而不注重培养学生的体育意识、兴趣、习惯和能力。然而，要使学生长期保持身心健康，就必须在其一生中贯彻体育。因此，高校要重视培养学生的终身体育意识，引导学生养成良好的体育锻炼习惯。

三、"一体化"的改革趋势

课内外与校内外一体化是高校体育教学改革的一大趋势，这一发展趋势主要体现在以下几个方面。

（一）大课程观的确立

现代课程论认为，课程是为实现课程目标在教师组织和指导下进行的一切课内外活动的总和。大课程观的确立为高校体育课程走向课内外与校内外一体化奠定了理论基础。新一轮的体育课程改革是从大课程观出发，将体育的课堂教学与课外、校外的体育活动包括运动训练纳入课程之中，形成课内外、校内外有机结合的课程结构。因此，体育教师应认真组织好课外与校外的体育活动，满足学生的需要。

（二）增进学生健康的需要

研究表明，当国民经济发展到一定水平后，与体质健康相关的某些人体生理指标呈下降趋势。要想提高与体质健康相关的某些人体生理指标，就必须有一定的锻炼时间、量和强度的积累，如果每周的体育活动仅限于上几节体育课，那么，体育教学将无法充分发挥提高学生生理机能的作用。《中华人民共和国体育法》指出："国家实行青少年和学校体育活动促进计划，健全青少年和学校体育工作制度，培育、增强青少年体育健身意识，推动青少年和学校体育活动的开展和普及，促进青少年身心健康和体魄强健。"要贯彻落实"健康第一"的指导思想，增强学生的体质，高校体育教学就必须走课内外、校内外一体化的改革之路。

（三）体育课程资源的开发与利用

为了满足课内外、校内外有机结合的课程结构的需要，必须充分开发和利用体育课程资源。就人力资源而言，除体育教师外，班主任、辅导员、有体育特长的其他学科教师、校医、学生会的干部以及体育特长生等，都要充分发挥他们在体育中的作用。就时间和空间而言，一方面，除课程计划规定的教学时间外，还要合理利用早晨、课间、课外、双休日、节假日；另一方面，将体育课程拓展到家庭、社区、少年宫、业余体校、体育俱乐部，以及江河、湖海、田野、山林、草原、沙滩等一切可以进行体育锻炼的地方，为实现课内外、校内外一体化的体育教学提供可能。

第四节 新时期高校体育
教学改革的路径

一、树立先进的体育教学观

科技在发展，时代在进步，在这个社会转型的关键时期，传统教育观念已难以与现代体育的快速发展相适应。因此，我们要及时转变教育观念，树立新的体育教学观，重视学生在体育教学中的主体地位，增强学生学习新知识、新技能的积极性与主动性。以学生为中心的体育教学观要求高校体育教学应与学生未来职业及发展相联系，不仅要让学生在校期间受益，也要让学生步入社会后终身受益。

二、优化体育师资队伍

为优化体育师资队伍，高校要组织教师进行不定期进修及短期业务培训，从而完善教师的知识结构与能力结构，促进教师整体水平的进一步提高，以使其与现代体育发展的需要相适应。另外，制订教师队伍建设的长期规划，建立健全教师的聘任、考核制度，建立激励机制都是优化高校体育师资队伍的主要途径。这些途径的落实有利于充分调动教师的积极性，从而使教师主动地投身于体育事业。

三、开展体育信息化教学

（一）科学开发体育信息化教学资源

1.拓宽研究领域

对很多学校来说，体育信息化教学是一种新的教学模式，开发体育信息化教学资源也是一个新的尝试。通过深入开发体育信息化教学资源，不仅能丰富体育教学内容，也能给体育文化的发展带来积极影响。

2.加强体育学科与其他学科的融合

目前，体育学科具有一定的封闭性，这对该学科的发展非常不利，在互联网背景下开发体育信息化教学资源，需要突破体育学科的封闭性，在开发过程中融入其他学科的信息化教学资源，使体育信息化教学资源越来越丰富。

3.加强学校体育与社会体育的联系

体育教学具有自身的局限性，在体育信息化教学资源的开发中要勇于突破限制，适当加工整理社会体育中有价值的信息化资源，将其整合到学校体育信息化教学系统中，丰富学校体育信息化教学资源，这对提高学生的社会体育认知能力、引导学生树立开放性学习理念、提高学生的体育素养具有重要意义。

（二）优化体育信息化教学策略

在互联网时代，信息技术在各级各类学校的各科教学中的应用越来越普遍，体育学科的教学同样也在越来越多地使用信息技术。在高校体育教学中，采用信息化辅助教学手段能够增加教学的灵活性与趣味性。为了充分发挥信息技术在体育教学中的作用，要注重对体育信息化教学策略的优化与完善。

1.正确理解信息化教学内涵

体育教师要对体育信息化教学的内涵有正确且深入的理解，在此基础上运用信息化教学的硬件与软件资源来激发学生的学习兴趣，活跃课堂氛围，使学生在愉快的课堂氛围中掌握体育教学内容。

2.加强师生沟通与互动

要提高高校体育信息化教学效率，就要注重师生之间的互动与交流，这是非常有效的教学策略之一。在信息化课堂教学中，体育教师要在课前完成对教学计划与流程的设计工作，使学生明确学习思路，然后跟着教师的节奏有序学习。在整个课堂教学过程中，师生的交流必不可少。另外，体育教师在信息化课堂教学中要注意教学用语的简洁性与准确性，要善于以简短的语言总结教学内容。另外，体育教师还要结合学生的实际情况来精选问题，创设问题情境，以拓展学生的思维。

（三）优化体育信息化教学环境

在互联网背景下优化与改善高校体育信息化教学环境，要重点做好以下几个方面的工作：

第一，对体育教学与信息化教学的发展方向予以密切关注，从而准确把握体育信息化教学的改革动向。

第二，高校从本校办学条件出发构建信息化教学平台并从资金上提供基础保障，使信息化教学设备能够满足体育信息化教学的需要。

第三，体育教师要自觉树立信息化教学理念，及时转变教学思想、更新教学观念，和学生共同营造愉快、和谐的课堂教学氛围，从而使信息化课堂教学能够取得理想的教学效果。

（四）注重微课教学

微课教学主要是结合教学标准与教学实践，将视频作为主要的教学载体，围绕知识点进行教学与互动的教学活动。在体育信息化教学中运用微课教学，能够使学生对知识点的理解更加深刻。通过微课教学，可以将教学重点、难点更加直观地展现在学生面前，激发学生的求知欲。

（五）推进体育教学与信息技术的融合

体育教学与信息技术融合是将信息技术运用到体育课程教学过程和学生的体育学习活动中，以更好地完成体育教学任务、实现体育教学目标的综合过程。将信息化手段与体育教学内容紧密结合，能够提高完成体育教学任务的效率，缩短实现体育教学目标的时间。体育教学与信息技术融合并不是将信息化手段被动纳入体育教学中，而是要让信息技术主动适应体育教学的变革，从而更好地为提高体育教学质量服务。要将信息技术融入体育教学的恰当环节、渗透体育教学的多个方面，凡是运用信息技术手段能够提高教学效果的地方，都要科学、合理地运用信息技术手段，同时也要引导学生运用信息技术手段提高自己的学习效率。

第七章　高校体育管理概述

第一节　高校体育管理的
内涵、原则和特点

一、高校体育管理的内涵

所谓高校体育管理，就是高校体育的管理者通过一定的方式整合资源，以实现高校体育目标的一种活动。

我国学校体育的根本目标是增强学生体质、促进学生身心健康，培养学生的终身体育意识及能力，使其成为德智体美劳全面发展的社会主义接班人。

高校体育目标可以划分出一定的层次。围绕高校体育总目标，根据各项体育工作的特点与要求，可以分解成下一个层次的目标，如体育教学目标、课外体育锻炼目标、课余运动训练目标、课余运动竞赛目标、科学研究目标等。此外，这些目标还可以分解成各具体目标。高校体育目标的结构及层次反映出高校体育的目标体系，即不同目标共同配合，以实现高校体育的总目标。而通过对高校体育各项工作的管理，可以逐步实现上述高校体育的不同目标。因此，高校体育管理的总任务就在于通过各种管理职能合理地整合资源，发挥资源的最大价值，以保证各项体育目标的实现。

我国高校体育管理的具体任务包括以下几点：①明确学校体育工作开展的指导思想和学校体育发展目标；②建立健全学校体育的各级管理机构，制定一整套管理法规，明确各有关管理机构和人员的管理职责；③科学制定学校体育管理的各种文件，使之适应学校体育发展的需求；④合理组织学校体育各方面、各环节的活动，确保各项活动低耗、高效开展；⑤协调学校体育各管理部门和学校体育内、外部的各种关系，为学校体育工作的顺利开展提供必要的物质技术基础以及创造良好的育人环境；⑥定期对学校体育管理工作进行检查评估，促进体育教学质量的不断提高和学生体质的不断增强。

二、高校体育管理的原则

高校体育管理必须依据国家各时期教育改革和发展规划，有关部门对学校体育工作的要求，以及学校工作规划，对学校体育工作实行系统管理。高校体育管理的原则主要包括整体性原则、导向性原则和可控性原则。

（一）整体性原则

高校体育管理是学校教育管理的一个组成部分，它要为实现学校管理目标服务，培养学生成为德智体美劳全面发展的社会主义接班人。高校体育管理者应在这一目标的基础上开展各项工作，既要防止片面夸大体育在学校教育中的作用，又要充分发挥体育在增强学生体质、培养学生意志品质等方面的作用，还要从整体上协调好学校体育工作的各方面关系，正确处理体育教学、课余体育训练、体育锻炼及运动竞赛之间相互联系、相互制约的关系，要充分发挥它们各自的作用，根据各个时期学校的任务有所侧重地突出重点，使之能始终围绕完成学校教育目标开展工作。

（二）导向性原则

高校体育管理的目标在于完成国家赋予高校"育人"的重要任务。高校应结合各个时期的工作重点，提出不同阶段的工作目标。因此，作为子系统的高校体育管理系统，必须依据各级政府及有关部门所制定的阶段发展规划，结合每一时期（阶段）本地区高校体育发展水平，制定出相应的措施及办法。

（三）可控性原则

可控性原则就是指在实施计划的过程中，通过不断检查、评估和控制，保证整个系统顺利开展工作。高校体育管理的控制主要通过检查、评估执行，通过检查、评估发现哪些工作得到贯彻落实，哪些工作在执行中出现问题，哪些方面需要修改。评估结果及意见反馈到决策部门后，要对出现的问题加以修正，使原定目标更能切合实际。例如，在体育教学中，教师按预定的计划组织学生练习，在练习过程中，教师对学生的练习作初步评价，根据学生掌握的情况及时调整教学方法，以便能更好地完成预定的教学目标。

三、高校体育管理的特点

（一）教育性

高校体育具有教育的重要功能，因此，要充分调动教师、学生及各级各类管理干部的积极性，这是提高管理效益的重要环节。在制定与执行各种体育管理法规的同时，思想教育要始终贯穿高校体育管理的全过程，特别是对学生的管理工作，更应将"育人"放在首位。

（二）方向性

方向性是指高校体育管理必须贯彻党的教育方针，为实现学校教育的总目标服务。因此，高校体育各个层次的工作人员要摆正体育在学校教育中的位置，正确处理体育与其他教育活动之间的关系，通力合作，以实现整合效应。

（三）阶段性

首先，不同年龄阶段的学生具有不同的特点。其次，学校工作是按学期或学年来安排的，上、下两学期的体育教学内容应具有一定的差异性，从而使每学期的工作保持一定的独立性。因此，不同的学期、不同年龄段的学生管理，应体现出阶段性的特点并在管理方式上有所区别。

（四）系统性

高校体育是一个动态的、复杂的、多变的系统，在运行中出现的各种问题如不及时解决，就会干扰高校体育工作的健康发展。要使该系统协调运转，就必须不断提高高校体育的管理效能。为此，需要建立一个强有力的整合系统，完善各种制度及控制手段，不断获得各种管理信息并及时反馈，以维持高校体育管理系统的动态、良性发展。

第二节　高校体育管理的机制

高校体育管理机制的建立是规范高校体育管理机构日常工作、提高高校体育组织管理人员工作积极性的重要前提和基础。相对完善的高校体育管理机制主要包括保障机制、激励机制与风险处理机制，下面具体对这三种机制进行分析。

一、保障机制

（一）保障机制建立的必要性

随着社会的发展，科学技术水平越来越高，出现了大量高科技体育器材，这些高科技体育器材不仅被广泛应用于运动员的运动训练和比赛中，也被引进到高校体育教学中，对高校体育教学质量的提高具有重要作用。另外，这些高科技体育器材还能为教学主体参与教学活动提供一定的安全保障。

据调查，目前我国部分学校存在经费短缺的问题，在这样的情况下，学校就无法购买高科技体育器材，这在一定程度上影响了学校体育的发展。另外，我国部分学校还存在资金分配不均的问题。受升学及就业压力的影响，大部分的资金运用到文化课教学方面，体育教学获得的资金投入非常少，这就难以满足学生的体育学习需求。

综上所述，建立科学合理的保障机制对学校体育的发展而言具有重要意义，这一方面应该引起我国政府部门及学校领导人的高度重视。

（二）保障机制的具体内容

建立高校体育管理的保障机制是十分必要的。通常来说，主要包括以下两个方面的内容：一方面，政府部门要结合实际建立完善的法律保障体系，借助法律手段解决教育投入缺乏保障的问题；另一方面，在全面分析学校实际的基础上，采取院系两级或一级管理的财务预算管理方式，满足一线教学的需要。就体育教学而言，一定要保障学生的训练经费，只有如此，体育教学活动才能顺利进行。

二、激励机制

（一）激励的依据

大量实践表明，激励机制的建立对教学质量的提高具有重要作用。激励可以说是一种能够激发教学主体参与活动积极性的方式，通过这一方式的利用能够收到良好的体育教学效益。一般情况下，激励机制的建立需要考虑三个方面，即教师、学生和管理者。在建立激励机制前，管理人员要事先做好调查，充分了解教学主体的特点及个性，然后采取有针对性的措施与手段充分调动教师、学生和管理者的积极性，激发他们的热情，这样才能促进教学质量的提高。教师、学生与管理者是激励机制中的重要构成要素。其中，教师是激励的主体，是激励活动的组织者与发起者，学生是被激励的对象，即激励客体。但从整体上来看，教学、学生、管理者三者都充当着激励主体和激励客体，三者之间的联系非常密切。

（二）激励的方式

一般来说，激励的方式主要有物质激励与精神激励两种，这两种激励方式在体育教学活动中都得到充分利用。

1.物质激励

物质激励是高校体育管理中最为常见的一种激励方式，奖金、奖品、职称晋升以及工资提高等都属于物质激励。对体育教师而言，他们最为关注的物质激励一般是职称晋升，因为这会直接影响他们的收入以及未来的发展。基于此，学校相关部门就要充分运用职称评定这一激励方式激励体育教师成长。很长一段时间以来，教师的职称晋升主要以发表论文、著作的实际数量为依据，这一评价标准具有一定的片面性。那些具有丰富教学经验、教学水平高的教师可能会因为发表论文、著作的数量不够而不能获得职称晋升，从而极大地打击了他们的教学积极性，而一些教学经验不足、教学水平不高的教师却能通过这一途径获得晋升的机会。因此，这种评价方式是不合理的。

2.精神激励

一般来说，精神激励主要是借助授予体育教师某种荣誉称号来提高体育教师工作的积极性。在体育教学评价活动中，对体育教师的积极评价能让体育教师感受到自己存在的意义和价值，能帮助他们提升教学的自信心。精神激励这一方式较为简单，不需要什么成本，但如果能运用得当，往往会获得更好的效果。由此可见，这一激励方式也是值得提倡的。

（三）激励的注意事项

物质激励与精神激励这两种激励方式都不是万能的，都有一定的优缺点。因此，在具体的操作过程中，可以将这两种激励方式结合起来使用，这样有利于获得理想的激励效果。但无论采取哪一种激励方式，都需要注意以下几点：

1.激励方式要公平、透明

无论采取哪一种激励方式，都应遵循公平、透明的基本原则，否则就失去了激励的意义，反而会适得其反，导致个体或群体对组织机构不信任，严重打击体育教师及工作人员的积极性。因此，高校要制定公平、合理的激励制度，接受全体人员的监督，规范教学主体的各种行为，激发大家相互竞争的意识，从而促进教学质量的提高。

2.不同激励方式的结合使用

奖金属于物质激励的一种重要方式，这一激励方式得到了广泛应用，但这一激励方式并不是万能的。人与动物的区别在于人不仅要满足自身物质层面的需要，还要满足精神层面的需要。因此，只有物质方面的激励是远远不够的，还需要建立一套以人为本的激励机制，运用精神激励的方式提升教师教学的自信心。在具体的实践中，需要将物质激励与精神激励结合起来使用。一般来说，以精神激励为主、以物质激励为辅，两种激励方式综合使用，往往能获得理想的激励效果。

3.激励与日常考核的结合使用

良好的激励机制对教学主体的教学活动能起到积极的促进作用，但需要注意的是，单纯依靠激励机制是比较单一的管理手段，还需要结合日常考核指标。只有如此，才能促使激励机制激发的内在动力和考核指标产生的外在约束发展成合力，从而充分激发教学主体的内在潜能，促进教学质量的提升。

（四）激励机制的作用

激励机制的作用主要体现在以下几个方面：第一，能促使教学主体积极主动地参加各种社会实践活动，提升自身的综合素质；第二，能帮助学生正确认识自己，树立学习的自信心，为了实现学习目标而不断努力；第三，能有效提升体育工作人员的管理水平，促进其综合素质的提升。

三、风险处理机制

（一）建立风险处理机制的意义

体育是一门以身体运动为主的学科，绝大部分的教学内容以身体运动为主，与一般的文化课有着明显区别。既然涉及身体方面的运动，就必然存在一定的风险，因此，加强学生运动中的安全管理是尤为必要的。为杜绝风险，保证学生的人身安全，就需要建立风险处理机制。大量的实践表明，建立风险处理机制具有重要意义。在这一机制下，体育活动能够在安全的基础上进行，学生的人身安全能够得到充分的保障。学校相关部门要对各类体育活动的风险性作出合理判断，尽可能降低体育运动的风险。万一发生风险，也能及时采取有针对性的手段将风险的负面影响降至最低。这不仅对体育活动的顺利进行具有重要意义，而且对保证学生的人身安全具有重要意义。

（二）风险主体的构成

一般来说，体育活动中风险主体主要包括两个部分：一部分是客观事物构成的安全风险；另一部分是人为因素构成的安全风险。不同的安全风险有不同的处理办法。

客观事物构成的安全风险主要是指在体育活动中，因周边环境问题而导致的各种安全风险。这种风险是可以得到很好控制的。体育教师可以带领学生在上课前检查教学场地是否存在障碍物等，通过这些检查工作及时排除风险。

人为因素构成的安全风险主要有准备活动不足、身体状况欠佳、技术动作不规范等，这些都有可能导致出现一定的安全风险。例如，上体操课时，学生的倒立动作不规范，没有掌握正确的技术要领而致使颈部着地，导致颈部受伤。这一风险也可以在一定程度上得到避免，前提是学生要在体育教师的指导下安全地参加体育活动。

第三节　高校体育管理的主要方法

一、法律管理方法

（一）法律管理方法的概念

以法律规范、具有法律规范性质的体育法规为管理手段对体育教学组织的内外关系进行调节的管理方法就是法律管理方法。

（二）法律管理方法对高校体育管理的作用

1.规定和调节各种管理关系

法律是依据一定规范对各种利益关系进行有效调节的依据,尤其是在调节不同行政管理系统、不同管理层次的关系等方面,法律管理方法更具有特殊的制约作用,可以有效地消除互相推诿的不良现象,从而促进高校体育管理工作的顺利开展。

2.维护正常的管理秩序

维护正常的管理秩序是法律管理方法对高校体育管理发挥作用的重要体现。正常的管理秩序有助于提高体育管理系统的有效性,顺利实现体育管理目标。而体育管理效果提高的关键又在于人、财、物、信息等的合理流通。通过法律规范调节各种关系,建立正常的管理秩序,能使整个体育管理系统按照法律规范有效地运转,从而形成一个良好的运行机制。

二、宣传教育方法

（一）宣传教育方法的概念

在我国高校体育管理实践中,宣传教育方法是较为传统的一种管理方法。具体来说,说服、教育被管理者,使其按照管理者的意志自觉采取行动的管理方法就是宣传教育方法。

（二）高校体育管理中使用宣传教育方法的策略

1.争取领导的支持

在高校开展宣传教育工作,应该先争取领导的支持,要经常将宣传教育的成果汇报给领导,同时,加强与学校有关部门的沟通,将自己的看法和意见及时提出来。只有得到领导的支持,才能取得良好的宣传教育效果。

2.科学调整宣传教育方案

将宣传教育工作纳入日常体育教学工作计划中,明确负责宣传教育的人员及其职责,下拨一定的宣传教育经费,使宣传教育工作能够顺利开展,同时注意及时收集反馈信息,科学调整宣传教育方案。

3.宣传形式多样化

要面向全校师生开展宣传教育工作,采取多样化的形式进行宣传,确保宣传教育内容的丰富性,如果内容单一,则很难吸引宣传对象的兴趣,也难以取得良好的宣传教育效果。

三、经济管理方法

(一)经济管理方法的概念

经济管理方法指的是以客观经济规律为依据,充分运用各种经济手段(如税收、价格、工资、奖金、罚款等),对各种不同的经济利益主体之间的关系进行调节,以实现经济效益与社会效益的一种管理方法。

(二)经济管理方法的作用

1.有利于促进经济效益的提高

采用经济方法进行管理,实际上就是以物质利益为中心,通过各种经济手段对国家、集体、个人之间的经济利益关系进行协调,充分调动各管理主体的主动性、积极性。经济管理方法的运用能够激发体育教师的责任心,鼓励体育教师在工作过程中努力提高教学效果。在此基础上,不仅体育教师的经济需求能够得到满足,也有利于提升学校的整体效益。

2.有利于促进管理职能的进一步强化

管理人员运用经济方法可以约束被管理者。经济管理方法将被管理者的经济利益与需承担的职责结合起来,并以二者之间关系的协调情况为依据进行管理。采用经济管理方法能够使管理者的职能得到进一步的强化。

3.有利于对管理效果进行检验

运用经济方法进行管理之后，各项经济指标能够反映出管理效果，这也是经济管理方法客观性的体现。采取经济管理方法有利于对管理效果进行客观的评价和检验，这能够促进被管理者工作积极性的提高。

（三）经济方法在高校体育管理中的运用

1.综合使用经济方法和教育方法

体育教师不仅有物质上的需要，在精神方面也有一定的需要。随着生产力的不断发展，物质激励手段的刺激作用将慢慢弱化，体育教师需要接受相关教育，以促进自身思想素质的提升与知识水平的提高。此外，一味采用经济管理方法还会导致个人主义思想的产生。因此，在高校体育管理中，加强经济管理方法与教育方法的结合很有必要。

2.在发挥各经济杠杆作用的同时加强整体协调配合

经济管理方法有很多，不同的方法具有不同的作用，如果管理者单纯采用其中一种方法，就无法取得良好的管理效果，而只有加强综合运用，才会使管理成果更加显著。

第四节　高校体育管理改革与创新的策略

一、制定教学管理制度

高校体育管理要重视对日常体育教学相关制度的研究，调动管理人员的积极性和能动性，维持正常的教学秩序，使体育教学更加科学化、规范化和现代化。目前，加强体育教学工作的科学化管理，就必须引进和运用现代化的管理方法与手段，使体育教学过程更加规范，有效提高体育教学工作的质量和水平。

二、加强师资力量建设

学校相关部门要格外重视体育教师队伍的建设。优秀的体育教师应该具备身心健康、人格健全、专业知识丰富、富于创新精神等特点。学校主管部门可以有针对性地组织教师进行专业技能的学习，切实提高体育教师各方面的能力。此外，学校应进一步优化体育教师队伍的结构，使不同性别、年龄、学历以及有不同教学和训练经验的教师相互学习、共同进步。

三、提高体育管理人员的素质

高校体育管理人员是从事高校体育管理工作的主体，因此，提高体育管理人员的素质对完善高校体育管理具有重要作用。具体来说，要想促进体育管理人员专业素质和管理素质的提高，应该特别重视对体育管理人员的培训工作，使体育管理人员了解现代体育管理知识、掌握现代体育管理方法，以使其所具备的素质满足新时期、新形势下高校体育管理工作的需要。

四、设计现代体育教学管理系统

随着计算机技术的不断普及，其在各个行业都得到了一定程度的运用并取得了良好的效果。近些年，我国在体育教学领域也引入了计算机技术，随着学生数量的不断增加，体育教学管理任务越来越重、管理工作越来越复杂，这就需要通过一个可靠、高效、稳定的计算机信息处理平台对其进行系统化的管理，以提高体育教学管理的效率。

（一）数据库设计

1.数据库设计原则

在系统设置与开发中，数据库设计是一个非常重要的环节。系统需求分析结果是数据库设计的主要出发点，在这一基础上，还应该遵循各种设计原则，如完整性原则、规范化原则、一致性原则、安全性原则、可维护性原则，从而使设计出来的数据库能够全面支持后期的开发工作。

2.数据信息设计

在对系统的数据信息进行设计时，要注意严格按照规范化要求来设计。遵循规范化要求有利于实现数据信息的一致性，能够为日常操作提供方便，这样程序员的负担就减轻了，客户端和服务器之间的传输也更加通畅。然而，这也会带来一些不良影响，如会大量增加各个表格的关联性，这就需要大量的内存空间才能使系统正常运行，如果内存空间不足，就会严重降低系统的运行速度。因此，一定要做到规范化，避免严重偏差的出现，否则会影响系统的实用性。为了达到规范化要求，可采用以下几种方法：①增加标识列。用主键字段对每条数据的唯一性进行定义，在其他数据表中使用这些数据，从而促进搜索性能的提高。②增加冗余。在信息层中适量增加冗余（按照规范化要求），这样能够使信息数量满足规范化要求。③分割大表。对大表进行合理分割，分成几个小表，这样能够促进系统性能的提高。

（二）系统模块功能设计

体育教学资源管理、体育教学运行、体育教学质量与评价管理是体育教学管理系统的三大模块。

1.体育教学资源管理模块

提供教学课件，支持相关文件的下载、上传等是体育教学资源管理模块的主要功能。由于不同类型的课件有不同的格式，因此系统没有严格规定课件的格式，对现有的各种格式的文件基本上都是支持的。从现有的体育教学管理系统来看，保存与管理教学资料的主要形式就是文件。下面对文件的上传、下载与维护进行分析。

（1）上传

体育教师可以在服务器上上传本地的上课资料，这样体育课堂教学内容就更加丰富了。有些课件包含的文件比较多，因而容量很大，这就需要先压缩再上传，这样可以缓解服务器的压力，提高传输效率。

（2）维护

维护就是对已上传的文件进行维护并根据需要删改文件，以避免系统承受过大的压力。修改文件指的是用新的文件替换已有的文件。如果体育教师上传的文件与服务器上的某一文件同名，那么原有文件就会被新文件覆盖。体育教师也可以自己将已有文件删除。体育教师在进行维护操作时，有自己的权限，要严格按照权限来操作。

（3）下载

文件的查询与下载功能主要是面向学生的。学生登录系统后，可以浏览、查询与下载相关课程的课件。在查询过程中，学生需要输入个人信息。

2.体育教学运行模块

体育教学运行模块的主要功能是为学生提供姓名、学号、院系及专业等的查询；选择专项课的内容、教师、时间等的查询；学生进行教学评教的时间、内容等的查询；体育考试成绩公布、补考成绩公布等的查询等。在这个模块中，需建立有关学生信息的汇总报表，以便为体育教学日常管理提供方便。

3.体育教学质量与评价管理模块

提供有关教学质量与评价的数据信息查询是体育教学质量与评价管理模块的主要功能，如评教时间、评教内容的查询；成绩不合格学生信息的查询等。

（三）安全设计

在设计体育教学管理系统时，需要采用多种安全防范措施，才能避免各类安全问题的发生，提高系统的安全性。例如，为了避免线路出现安全问题，提高网络的安全性，我们可以采取对入侵检测的网络访问进行控制的措施，这样能够有效防止黑客入侵。另外，要想了解可能发生的网络入侵行为，需要对日常的网络拦截资料进行分析，同时进行入侵检测扫描，这样能够明确是否发生了入侵行为且能够有效制止入侵行为。

第八章 高校体育科学管理的内容

第一节 高校体育课堂教学管理

一、高校体育课堂教学管理的目的

高校体育课堂教学管理的目的主要包括以下几点：①营造良好的体育教学氛围，让学生充分感受体育文化的独特魅力；②传授学生体育相关知识与专业技能；③培养学生良好的竞争意识和团结协作的集体主义精神，激发学生参与体育活动的兴趣；④提高学生的身体素质。

在体育教学工作体系中，体育课堂教学管理是一项非常重要的内容，体育课堂教学管理工作的质量直接决定了管理目的能否实现、实现的程度如何，因此，要采取各种措施和手段提高体育课堂教学管理的质量。具体来说，可以从以下几个方面着手：首先，强化体育的多重目标、体现体育的多样化功能。其次，树立正确的体育教学思想。对学生来说，在教师的引导下树立"健康第一"等思想，有助于他们养成自觉锻炼的习惯，同时，还能对他们的身心健康发展起到促进作用。最后，建立科学的体育教学评价体系。通过评价得出的反馈信息能为接下来的教学安排提供必要的事实依据。

二、高校体育课堂教学管理的内容

（一）教学目的与任务管理

教学目的与任务管理是高校体育课堂教学管理非常重要的内容，高校体育课堂教学应围绕教学目的，尽快完成教学任务、实现教学目标。只有先将教学目的与任务确定下来，体育教师才能明确教学方向，有针对性地展开教学。

无论是设计课堂教学组织方式，还是选择教学内容与方法，或者是调整课堂教学步骤，体育教师都要严格依据教学目的和任务进行。此外，体育教师也要让学生明确学习任务，从而让学生选择适合自己的且有利于尽快完成学习任务与达到学习目的的学习方法，最终获得预期的教学效果，实现教学目标。

大量的事实表明，体育教学效果与教学目的、教学任务之间有着密切的关系。如果教学目的、教学任务缺乏科学性，也比较模糊，那么体育教师在教学过程中就很难把握重点，教师不知为什么而教，学生不知为什么而学，整个课堂教学就显得盲目、随意，而且氛围比较压抑，最终影响教师教授的热情和学生学习的积极性，导致教学效果不佳。因此，要重点明确体育课堂教学的目的与任务，并以此为依据开展教学活动。需要注意的是，教师设置的教学目的与任务要合乎实际，客观而明确。

（二）教学容量与难度管理

在课堂教学中，教学容量与教学难度如何将直接影响教学效果。因此，体育教师设置的教学容量与难度要适中、合理，符合学生的水平。目前来看，有些体育课虽然教学容量小，但存在一定的难度，超出学生的承受能力，而且安排男生与女生一起上体育课，没有考虑他们的身心发展差异，有些内容对男生来说相对容易，男生经过练习是可以掌握的，但对女生来说确实是有难度的，女生即使经过反复练习也不易掌握，这必然会影响女生学习的积极性，打击她们的自信心。另外，还有一些体育课虽然教学容量大，但缺乏难度，表面看起来课堂氛围很好，学生参与的积极性也很高，但简单、机械的内容不足以提高学生的体育技能水平。由此可见，如果体育教师安排的课堂教学容量与难度不合理，则不利于提高课堂教学效果。

（三）教学时间管理

一堂体育课主要包括三个部分，即准备部分、核心部分和整理部分，这三个部分缺一不可，体育教师一定要结合教学实际合理安排。如果体育教师安排得当就能增强体育课堂教学的时效性，保持体育课堂教学良好的节奏感，有助于学生掌握重点内容。各项活动与环节所需的时间也要合理安排与分配，以保证按照预期计划完成教学任务。为实现体育课堂的教学目标，体育教师一定要管理好教学时间，不能因为没有分配好时间就随意减少要传授的教学内容，或课后拖延时间匆匆完成任务，这都是不负责任的表现。加强对体育课堂时间分配与安排的管理体现了有效教学的理念，能够将有限的课堂时间充分利用起来，有利于提高教学效率、实现教学目标。

（四）教学方法与手段管理

在体育教学体系中，教学手段与方法起着极为重要的作用，科学合理的教学手段与方法有助于提高教学效率，取得理想的教学效果。由此可见，教学方法与手段的管理也是体育课堂教学管理中的重要内容。体育课堂教学方法与手段的管理至关重要，体育教师应深刻体会"教学有法、教无定法、重在得法"的含义。

体育教师对体育教学方法与手段进行革新，首先要树立先进的教学理念，在先进理念的指导下创新教学方法，以提升体育教学的质量，改变传统体育教学中将少数几种教学方法不分场合、一用到底的局面。体育教师合理选用教学方法与教学手段有助于真正达到省时低耗、优质高效的理想教学状态。为了强化体育教学方法与手段的管理，探索更多先进的、有效的体育教学方法与手段，学校应组织体育教研组定期开展研讨会，构建科学合理的体育教学方法体系，为取得理想的教学效果提供保障。

（五）教学效果管理

教学效果是评价一堂体育课是否成功的重要依据，因此，加强体育教学效果的管理也是非常重要的一项管理内容。体育课的教学效果直观反映在学生的考试成绩中，尤其是技能考核成绩中。在体育课堂教学中，教师的教学活动与学生的学习活动都是为实现教学目标和提高教学效果而服务的，因此，体育教师必须在教学内容安排、教学方法选用、教学模式构建、教学评价实施中不断改进与优化，从学生的身心特点及实际需求出发，引导学生在课堂上掌握体育知识与技能，只有这样，才能从根本上提升体育课堂教学效果、实现体育课堂教学目标。

三、高校体育课堂教学管理的类型

（一）专断型管理

采取专断型管理方式的体育教师会对学生提出非常严格的要求，学生必须按照教师的要求进行学习。教师往往以命令的方式要求学生完成一些任务，学生不得不服从命令。学生若不听从命令就是无视教师的权威，对于这类学生，教师往往会采取一些方式进行惩罚。在体育课堂教学中，采用专断性管理方式的教师将个人意愿和个人权威放在首位，而对学生的个性化需求并不在意。课堂教学氛围紧张、压抑、沉闷，学生不敢发表自己的意见，虽然对教师言听计从，但并不是真正愿意在这样的氛围中学习。长此以往，必然会压抑学生的个性，制约学生主体性的发挥，影响学生的身心健康发展。所以，专断型课堂教学管理方式有待改革。

（二）放任型管理

放任型管理具有较大的负面作用，采用这一管理方式的体育教师往往缺乏责任心，在体育课堂教学中一般只负责传授知识与技能，根据教案按部就班地教学，以完成教学任务为目的，至于学生是否认真听讲、是否掌握了课堂知识，以及课堂教学效果是否良好等问题，教师对此并不关心，甚至可以用"放任自流"一词来概括教师对学生的态度。

在体育课堂教学中，教师采取必要的管理方法与策略有助于活跃课堂氛围，使学生在良好的课堂环境下学习知识与技能，使学生学习的积极性得到增强，最终取得良好的学习效果。采取放任型管理方式的体育教师往往忽略了课堂管理的重要性及自身在课堂管理方面应负的责任。教师对学生放任不管，似乎对学生的个性发展有益，实则对学生的学习与成长无益。教师不负责任的态度常常会导致体育课堂教学无法满足学生的实际需求，无法调动学生的学习热情，即使学习自觉性强的学生如果长时间不管理也会变得懒散，而本身自觉性就差的学生更是会无视课堂纪律，做出一些不尊重体育教师、破坏课堂纪律、影响其他学生的不良行为。

总之，放任型课堂管理方式不利于体育课堂教学活动的顺利进行，在很大程度上会影响体育课堂教学效果，不利于学生的健康成长。因此，体育教师尽量不要采取这一管理方式。

（三）民主型管理

民主型管理方式能在一定程度上体现"以人为本"的基本原则。采用这一管理方式的体育教师往往具有较强的民主意识，以学生的实际需要为中心，围绕学生的整体特征及个性化需求展开教学。在教学过程中，教师会采取一些有效的措施激发学生的学习积极性、强化学生的学习动机，努力结合学生的兴趣、爱好组织教学活动，以满足学生的需求。

民主型管理方式较为灵活，在体育课堂教学中，教师在从一个活动转移到另一个活动的过程中，能够通过灵活的管理方式使学生始终保持学习兴趣，并使课堂秩序始终有序。尽管课堂教学需求不断提高和教学影响因素的不断变化，体育教师仍能及时完成课堂环境的重建，从而满足新的需求、适应新的变化，这是民主型管理方式与前两种管理方式相比而言最显著的优势。体育教师采取民主型管理方式，说明他们尊重学生，希望通过民主管理营造和谐、融洽的课堂氛围，激发学生的学习兴趣，促进课堂教学效率的提高。民主型管理方式符合现代教育理念及教学要求，值得大力推广。

（四）理智型管理

理智型管理也是体育教学管理的一个重要类型，这一类型的特点是体育教师有清晰的教学思路、明确的教学目标，依据教学目标有序安排每个教学环节、精心处理每个教学细节，以求最终顺利实现课堂教学目标。此外，体育教师也能够以课堂教学目标和所教的内容为依据，合理选用教学方法，给学生留出自主学习与思考的时间，让学生自主选择适合自己的学习方式。在学生自主学习期间，教师适时、适当地指导可以提高学生自主学习效率、增强学生的学习成就感。

体育教学和一般的文化课教学不同，课堂教学中会受到很多内外因素的干扰，面对多重影响因素，采用理智型管理方式的教师往往能够灵活管理学生，学生在课堂上表现出来的学习态度、学习行为等对教师来说都是有价值的反馈，教师可以依据这些反馈进行灵活管理，从而端正学生的学习态度，使学生的学习行为趋于积极主动、合理有效。在体育课堂上善于进行理智型管理的教师往往具有教学技巧高超、管理技巧娴熟的优势，正因如此，他们才能科学合理地安排课堂教学活动。需要注意的是，理智型课堂管理方式有其自身的缺陷，主要表现为课堂氛围比较严肃、沉闷，缺乏活力，容易影响学生学习的热情和效果。

（五）情感型管理

情感型管理主要是指体育教师从学生的情感需要出发管理课堂教学活动，课堂管理的整个过程都透露着教师对学生的爱。体育教师以得体而亲切的语言进行课堂教学，鼓励学生充分发挥自己的优势，对于进步明显的学生不吝夸奖。教师对学生的情感需要给予重视，根据学生的情绪调动课堂气氛，使学生在体育课堂上能够获得愉快的心理体验。体育课堂上难免会有破坏课堂纪律的学生，提倡情感型管理的体育教师不会一味地指责这些学生，而是会以恰当的方式引导他们规范自己的课堂行为，这样既维护了学生的尊严，又能使学生感受到教师的善意，这对建立和谐的师生关系、巩固师生之情，以及净化课堂风气都具有重要意义。情感型管理方式与以人为本的基本原则有着密切关系，与现代教育理念相吻合，因此，这一管理方式值得提倡。

（六）兴趣型管理

学生是体育教学活动的重要主体，体育教师要以学生为本组织与管理教学活动。要想实现良好的管理效果，就要采取各种手段与措施培养和增强学生学习体育的兴趣。因此，在体育课堂教学中，采用兴趣型管理方式的体育教师往往教学艺术高超、教学风格突出，能够以独具艺术性的教学技巧将学生的学习兴趣激发出来，使学生在学习中陶冶情操、提升修养。

在课堂教学中，采用兴趣型管理方式的体育教师能够以有趣的方式给学生呈现所要教授的内容，使学生在富有美感的课堂教学中集中注意力听讲、看示范，使学生保持学习热情，在教师的引领下掌握新知识。这样的课堂氛围显得非常轻松、活泼，能够获得理想的管理效果，有利于实现既定的教学目标。

四、高校体育课堂教学管理的实施

（一）高校体育课堂教学管理实施的前提

一名合格的体育教师必须具备良好的素质，具体包括教学业务素质和思想道德素质，这是高校体育课堂教学管理实施的重要前提。

1.教学业务素质

体育教师的教学业务素质主要包括体育基础理论知识、一般文化理论知识、运动技能等方面的内容。一般来说，能够依据体育教学规律和教学原则合理安排教学内容、正确选用教学方法、科学构建教学模式、全面实施教学评价，使学生利用有限的课堂时间充分掌握体育知识与技能的体育教师就是业务能力强、业务水平高的专业教师。

业务素养高的体育教师容易树立威望，对学生有威慑力，能管好课堂纪律、调动课堂气氛，能以生动形象的讲解和准确无误的示范调动学生学习的积极性，使学生保持积极向上的学习态度，最终也能取得好的教学效果。由此可见，体育教师业务素养的提高非常重要。作为一名体育教师，要时刻想着如何提高自己的教学业务水平，这样才能组织与管理好体育教学活动，实现教学目标。

2.思想道德素质

体育教师的思想道德素质虽然不是外显的，也不是快速形成的，但这种内隐的影响却是非常持久而深刻的。只有品质高尚、工作态度认真、胸怀坦荡的教师才会对学生产生积极的影响。

学生这个群体具有一定的敏感性，在体育课堂上，体育教师的言行举止，甚至是表情细微的变化都会引起学生的注意，而学生接受教师的反馈信息后也会不自觉地改变自己的行为。所以，体育教师必须严于律己、以身作则，给学生树立良好的榜样。

总之，为了取得良好的体育教学管理效果，体育教师必须先规范好自己的言行，再要求学生遵守课堂纪律，否则难以使学生真正接受管理。只有教师以身作则、严于律己，才能给学生树立榜样，从而保证教学活动的顺利开展。

（二）高校体育课堂教学管理实施的关键

大量的实践表明，高校体育课堂教学管理实施的关键在于营造和谐的课堂教学氛围。只有在和谐的课堂教学氛围下，教师和学生才能良性互动，取得良好的教学效果。

体育教学活动是指师生的双边活动，缺少了任何一方，都不能称之为完整的体育教学活动。体育课堂教学管理同样需要体育教师和学生共同参与，需要二者互动交流。为了维护良好的课堂秩序，保证课堂管理制度的真正落实，必须建立融洽、和谐的师生关系，维护与巩固师生感情，从而使体育教师热情地教、学生主动地学。

教学管理效果的好坏与课堂教学氛围是否融洽有着直接关系。教师的教与学生的学固然对体育课堂教学质量与管理效果有决定性影响，但并不是唯一的决定性因素，师生互动的课堂环境也是不可忽视的决定性因素之一。

课堂氛围不同，学生的学习效率、教师的教学效果及课堂管理质量都或多或少存在一些差异，只有构建和谐的课堂环境、营造融洽的课堂氛围，才能增强教师与学生之间的联系，实现合作与发展。由此可见，构建和谐的体育课堂教学氛围是实施体育教学管理的关键。

第二节　高校课余体育活动管理

一、高校课余体育活动管理的过程

为顺利实现高校体育目标，领导、计划、组织、控制以及创新高校课余体育活动的一系列环节的综合就是高校课余体育活动管理。高校课余体育活动管理过程包括以下几个重要环节。

（一）课余体育活动的领导

内容广泛、形式多样是高校课余体育活动的基本特征。全校课余体育活动、班级课余体育活动、团体课余体育活动、个人课余体育活动、校内课余体育活动、校外课余体育活动等都属于课余体育活动的范畴。组建强有力的领导机构是管理好这些课余体育活动的基本保障。设立课余体育活动的领导机构必须考虑课余体育活动的全校性管理和专业化管理的问题，需要由全校性的行政管理部门承担，以及体育教研人员的参与。因此，可以在全校体育管理机构下成立课余体育活动管理部门，由体育教师或班主任担任该部门的主要工作人员，负责组织课余体育活动，并对参与其中的学生进行指导。

（二）课余体育活动的计划

高校体育物质条件、体育教师的素质与教学水平、学生的体育兴趣等都会影响课余体育活动的组织与实施，因此，制订课余体育活动计划要综合考虑这些因素，使课余体育活动更有趣，形式更灵活，效果更好。课余体育活动计划包括以下四个层面的内容。

1.国家或者省市层面的课余体育活动计划

这类课余体育活动计划是由国家或省市的体育部门制订的。这类课余体育活动的规模一般比较大。

2.全校课余体育活动计划

全校课余体育活动主要包括早操、俱乐部等常规性活动和体育文化艺术节、运动会等大型活动。全校课余体育活动通常一学期举办一到两次。

3.班级课余体育活动计划

体育教师要在符合班级学生特点,遵循学校总体计划的基础上制订该类活动的计划,力求满足学生的体育需求。班级课余体育活动通常一学期举办 5～10 次。

4.学生个人课外体育活动计划

学生可以根据自己的爱好和需求自主制定适合自己的个人课外体育活动计划,在计划中要明确活动目标、活动内容、活动时间等。学生在制订个人课外体育活动计划时,可以向体育教师和家长征求意见。

(三) 课余体育活动的组织

课余体育活动的组织要根据课余体育活动计划进行,并由课余体育活动管理机构统一领导。课余体育活动的组织过程如下。

1.宣布计划

向相关教师与全校学生告知课余体育活动计划的相关事宜。

2.制定制度

制定考勤制度、检查制度、奖惩制度等与课余体育活动相关的各项制度。

3.明确工作职责

学校体育管理部门牵头组织课余体育活动,组织负责人主要是班主任,业务负责人由体育教师担任,学生社团自愿参与,要明确工作机制和相关工作人员的具体职责。

4.组织实施课余体育活动

在组织实施课余体育活动的过程中,高校体育管理人员、体育教师、班主任等相关人员都要身体力行,相关部门要相互配合,学生要积极参与,促进课余体育活动计划的顺利实施。

（四）课余体育活动的控制

控制也是课余体育活动管理过程中的一个关键环节,对课余体育活动的控制就是要对活动的每一个环节进行检查评估, 及时发现问题并予以纠正,这要以课余体育活动计划和相关制度的规定为依据来实施, 以便为课余体育活动的顺利进行提供保障。

监测学生体质健康状况是控制环节的主要工作。定期监测学生体质需投入较高的资金、人力资源及物力资源, 还要花费较长的时间。高校每年都会定期开展学生体质健康测试工作,如果可以从国家层面上加强统筹管理, 就可以提高监控的效率。这就要求高校每年进行体质健康测试后, 向全国学生体质健康标准数据管理中心上报测试数据, 全国学生体质健康标准数据管理中心可以建立全国大学生体质健康数据库,从而对大学生的体质动态状况进行综合把握。为了将这一监控手段更好地运用于高校课余体育活动中, 教育部应明确规定测试数据上报时间, 以保证数据的准确性。

二、高校课余体育活动管理实践——以高校运动会管理为例

（一）高校运动会管理计划

高校运动会管理计划应严格遵守高校运动会管理的通行原则,其中主要的是制订年度运动会计划。高校每学年（学期）运动会日程计划的内容一般包括运动会项目、种类、时间、地点、参赛班级、人数和主办单位等。制订高校运动会管理计划要注意以下几个方面：

第一, 根据学校具体情况安排运动会活动项目, 优先安排传统项目和重点项目, 适当增添一些创新性的、能够激发学生运动兴趣的活动项目, 以促使学生积极主动参与。

第二, 统筹安排运动会计划, 综合考虑本校的教育计划、季节特点、节假日和项目数量。安排时要有侧重点, 使各运动会项目比较平均地分布在两个学期中。另外, 还要保证春、秋两季的全校运动会或者一些特定的大型竞赛的时间固定, 形成具有学校特色的传统课余体育活动。

第三，各项运动会活动的排列顺序通常以日期先后为准，尽量按项目分类。各项运动会活动的安排一般以表格的形式表示，必要时可以附加项目和月份的运动会工作进度表。

（二）高校运动会管理过程

1.运动会前的管理

通常由组织委员会负责运动会前的管理工作，如果没有成立组织委员会，就由运动会筹备委员会（或筹备小组）负责。运动会前的管理工作主要包括以下几个方面的内容：

第一，确定组织方案。运动会计划和准备工作要根据实际情况有步骤地展开，首先进行总体设计构思并提出组织方案。运动会组织方案主要包括运动会的名称、目的、任务、主办与承办单位、时间与地点、规模、组织机构、经费预算、工作步骤等内容。

第二，组建运动会组织机构。组建运动会组织机构是运动会组织管理的重要组成部分。各种运动会的组织机构一般采用委员会制。运动会的组织委员会是运动会管理的最高机构，组建时应根据运动会的性质和规模来确定它的机构编制、人数等，通常没有固定的限制。运动会的组织委员会一般有一名主任，若干名副主任和委员。运动会组织机构的组建应做到精简、高效，根据实际需要分批借调工作人员，节约人力和财力。

第三，拟定工作计划，建立规章制度。组建组织委员会后，要根据运动会规程、组织方案和责任分工，拟定各职能部门的具体工作计划和有关行为规范，如工作人员的管理制度，管理制度要经过组织委员会讨论审定通过后才可执行。

第四，制定运动会规程。运动会规程是组织实施学生运动会的主要规章制度，对运动会的管理具有指导作用，所有参与者都必须遵循。一般情况下，运动会的性质主要分为两种，即单项运动会和综合运动会。单项运动会需要制定单项运动会规程，综合运动会则需要同时制定运动会规程总则（总规程）和单项运动会规程两种。运动会规程的主要内容包括运动会名称、运动会时间和地点、运动会项目及组别、参加资格、参赛办法、仲裁委员会的组成以及有关经费的使用规定等。

第五，编制运动会秩序册。运动会秩序册是以书面的形式对运动会组织的程序和具体运动会秩序进行规定。秩序册由运动会的管理竞赛部门负责编制，组织委员会审定颁发。各种类型运动会的秩序册都必须在运动会开始前下发。运动会秩序册的内容应包括运动会名称、运动会时间和地点、主办与承办单位、组织机构、规程和补充规定、各部门（处、室）人员名单、各项目运动会委员会和仲裁委员会成员、裁判员与各代表团名单、运动会总日程表和各项目运动会日程、裁判员名单、运动会场地示意图等。

2.运动会期间的管理

（1）运动会开幕式的管理

运动会的开幕式程序主要包括宣布开幕式开始，裁判员、学生入场，升旗，领导人致开幕词，学生代表讲话，裁判员、学生退场，开幕式表演。开幕式表演结束后开始各项目的比赛。

高校运动会的开幕式要想顺利进行，必须组建开幕式临时指挥机构。很多全国大型综合性学生运动会的开幕式现场临时指挥机构通常是由活动部门指挥，组织委员会及其他部门临时选派有关人员配合组成。小型运动会由于规模小、人数少，开幕式的组织工作也相应变得简单了，组织委员会任命3～5人，分工合作，临时组成指挥小组具体负责开幕式的工作，具体负责的内容可以参照大型运动会进行。

（2）比赛活动的管理

运动会期间要有指挥管理人员深入赛场进行第一线指挥管理，对比赛活动实行全面、具体的组织、领导与管理。管理要准确、及时、果断，如果出现问题，要及时召集仲裁委员会研究讨论，尤其要注意解决运动会中出现的各种突发状况，以及弃权、罢赛、弄虚作假等问题，以保证运动会的顺利进行。

（3）人员管理

运动会期间的人员管理，主要包括对裁判员、运动员及观众的管理。

首先，裁判员水平的高低对运动会的顺利进行有着直接影响，裁判员要具有高尚的职业道德，做到公平、公正、公开，杜绝不良裁判作风。

其次，对参赛运动员要尽量采取分级管理办法，提出统一要求和具体规定，并做好参赛队伍之间的协调工作，及时处理各队出现的问题，最根本的目的就是让参赛的运动员都能保持良好的状态，公平参赛。

最后，观众作为运动会的重要参与者，对比赛的顺利进行有很大影响。比如，当比赛激烈时，组织委员会如果对观众管理不当很可能会造成运动会无法继续进行。

因此，针对以上人员的管理，组织委员会要制订相关的管理计划，确保运动会顺利进行。

3.赛后工作的管理

运动会闭幕后的管理工作主要包括为参赛队伍办理离场手续、借调人员返回原单位、及时处理运动会的物资、做好财务决算、汇编成绩、填报破纪录成绩、整理文档资料、做好总结等多方面的工作。

第三节　体教融合视角下高校高水平
运动队建设与管理

一、体教融合视角下高校高水平运动队建设

体教融合是我国在 20 世纪 80 年代以来形成的竞技体育与学校体育相结合的体育人才培养方式。"体教融合"模式的意义在于有效解决了运动员文化课学习时间不足的问题，同时，也为竞技体育的健康、持续发展指明了方向。经过这些年的尝试，这种模式已经成为普通学校试办高水平运动队、培养人才的重要途径。通过对我国高校高水平运动队员、教练以及对高水平运动队管理现状进行分析，能为我国高校在高水平运动员的招生制度、培养过程、管理体制等方面不断改革和完善提供参考。体教融合视角下建设高校高水平运动队，要从以下几个方面着手。

（一）正确理解"体教融合"

"体教融合"并不是简单的体育与教育的结合，也不是把专业队的队员引进到学校，发个文凭，替学校比赛，而是在"以人为本"的科学发展观的指导下，实现资源优势互

补，构建结构合理、分工明确的高校体育人才培养体系，使得高水平竞技体育人才培养更加科学化，同时，培养优秀体育后备人才和适应社会发展需要的德、智、体、美、劳全面发展的时代新人。

（二）加强学校管理

用"以人为本"的观念培养德、智、体、美、劳全面发展的社会主义建设者和接班人，是普通高等教育科学发展观的体现，必须贯穿在高等教育始终。"以人为本"就是要关心人、尊重人，就是要促进人的全面、健康发展。"体教融合"是我国高校高水平运动队现行的最佳教育模式。它既保证了优秀运动员的文化课学习，又保证了优秀运动员的课余训练，为他们今后的就业和择业提供了强有力的支持和保障。

实施"体教融合"最有效的途径就是"学分制"。高校高水平运动员面临完成学业和提高竞技水平两大任务。各高校可根据学校实际将运动员的学习和训练纳入学分管理体系，即运动员在校期间既要完成学校规定的该专业学习所必需的学分（专业核心课程），又要完成在运动训练及比赛中的训练比赛学分，对成绩优秀的运动员还可给予奖励学分，两部分学分之和达到毕业时所规定的总学分，则允许其毕业，对未修满文化课学分或训练比赛学分者可延长学习年限，这样就可以避免运动员只"练"不"学"或只"学"不"练"，使高校运动队健康、有序发展。

（三）加强教练员队伍的建设

想要培养高水平的运动员，必须有高水平的教练员，高校应不断加强教练员队伍的建设。具体来说，高校可从以下几个方面着手：①建立教练员竞聘上岗机制；②建立详细的教练员业务档案；③建立激励机制，打造一支爱岗敬业、乐于奉献的教练员队伍。

二、体教融合视角下高校高水平运动队管理

（一）组织人事管理

本质上而言，高校高水平运动队组织人事管理就是对整合运动队的人力资源进行管理，具体要从以下几个方面开展管理工作。

1.建立科学的选拔制度和管理体系

在高校高水平运动队组织人事管理中，首先要建立选拔制度，选拔优秀的教练员与运动员，并对其进行专业培养。

选拔优秀教练员的途径有很多，常见的有试用观察、单位推荐、专家评议、公开演讲、阶段考核、成绩评估、系统培养等，通过这些途径，可以提高优秀教练员的选拔效率，而优秀教练员数量的增加又有利于从整体上提高运动队的训练水平。

选拔优秀的运动员，要考虑我国的奥运争光计划，在此基础上对各个项目的优秀运动员进行科学选拔。在优秀运动员的选拔过程中，要在坚持以下几方面准则的基础上构建选拔体系：①提前确定运动员选拔流程；②要根据不同赛事的要求进行选拔，如国际比赛、国内赛事和国家队组织的比赛等；③可采取积分制，对运动员的比赛成绩进行量化，根据量化结果进行选拔；④加强专项指标的测试，为优秀运动员的选拔提供科学的依据。

2.采用科学的培养方法

在高校高水平运动队组织人事管理中，要在新时代背景下培养人才必须采用科学的培养方法。新时代对各个层次人才的要求如下：①管理人员要具备丰富的科学管理知识；②教练员要把握国际、国内动态变化趋势，及时更新训练理念，创新训练方法；③运动员要具备良好的综合素质，训练要积极主动；④科研人员要对相应项目的本质规律进行深入研究，对训练过程的变化特点和制胜规律加以把握，运用专业知识科学分析问题。

（二）思想教育管理

在高水平运动队管理中，思想教育也非常重要，这项管理工作需要长期坚持才能取

得良好的效果。高水平运动队经常要代表国家、省市参加国内或国际大型比赛，为国家和地区争取荣誉，这就对运动员的思想道德素质提出了更高的要求。对运动员进行思想教育主要包括以下几个方面的内容：①培养运动员爱祖国、爱人民的意识与观念；②培养运动员的集体主义精神和团队精神；③培养运动员遵守组织纪律的习惯；④培养运动员坚韧不拔、顽强拼搏的意志品质；⑤培养运动员互相尊重、助人为乐的精神。

在运动员思想教育中，要融入"祖国培养意识"，国家在培养优秀运动员方面付出的代价是巨大的，人民为此也付出了大量的劳动，运动员在取得优异成绩的同时，要意识到这与国家和人民的付出是分不开的。运动员在进行自我评价时，也要认识到祖国对其的培养，这有利于运动员形成正确的价值观。

（三）训练竞赛管理

1.训练计划管理

训练计划就是管理者从理论上设计未来训练活动、指导训练实施的过程。教练员和运动员在训练过程中要根据训练计划完成任务。为保障训练的顺利进行，需要科学制订和实施训练计划。按照训练的时间长短，训练计划被分为多年训练计划、年度训练计划、阶段训练计划、周训练计划等类型。无论是制订哪种类型的训练计划，以下几个内容都是必须涵盖的：①运动队的训练现状分析；②训练目标体系；③训练的指导思想、任务、内容及方法、手段；④训练阶段的划分；⑤训练负荷的安排；⑥训练效果评价等。在制订训练计划后，要进行评议、检查、修订，以促进训练计划的不断完善，更好地发挥训练计划的指导作用。

2.参赛管理

高水平运动队往往参加的是大规模、高水平的比赛，而且参赛场次较多，因此，竞赛效益是十分受关注的。因为面临的任务艰巨，责任重大，所以要严格选拔参赛运动员，公开竞争、教练组指定是选拔的主要方式。

公开竞争指的是高水平运动队组织内部比赛或参加重要比赛，按照比赛成绩确定参赛人选。我国世乒赛的参赛选手一般是通过公开竞争的方式选拔的。需要注意的是，公开选拔的方式不利于从全局角度综合分析整个队伍的发展。

教练组指定指的是教练组的成员在特定情况下，以比赛任务、要求及队员的实际情况为依据，在研究商讨的基础上确定最终的参赛人选。从某种程度上来说，教练组指定的选拔方式说服力不强，主观性明显。

以上两种选拔方式各有利弊，因此，结合两种方式选拔参赛运动员，效果会更好。

在运动比赛中，对于教练员已经布置好的战术要求，运动员需严格服从，队员之间要互相鼓励、帮助，充分发挥团队精神。此外，在比赛的整个过程中，对裁判、对手、观众都要保持尊重的态度。

在参加奥林匹克运动会的过程中，我国优秀运动员总结出了程序化参赛这一科学准备方法，该方法能为参赛人员的科学管理提供参考。程序化参赛理论要求科学、有序地安排各项参赛因素，包括时间、空间、生理、心理等各方面的因素，使运动员清楚自己要做什么，合理规划好自己的事情，这样运动员才有机会将自己的运动能力展现出来。

（四）文化学习管理

运动员的竞技能力由战术、体能、智能、心理等因素组成，其中运动智能的重要性不容忽视，加强运动员的文化教育，可以提高运动员的运动智能水平。我国运动员大多从小从事专业化训练，系统学习文化知识的时间很少。另外，部分运动队的教练员和管理人员也不具备丰富的文化知识，因此在运动员文化教育中难以发挥作用，再加上促进运动员训练和学习效果同时提高的机制还未建立，导致运动员文化素质低，与其专业技能水平有很大的差距。对此，我们必须在对运动员进行专业训练的同时加强文化教育，促进运动员文化素质与专项素质的协调发展。

（五）科技服务管理

针对科研活动进行的管理就是科技服务管理。对科研人员的管理和对科技攻关过程的管理是科技服务管理的两项主要内容。在现代运动训练中，为了更好地备战，必须注重科技攻关与科研服务。近年来，科学训练意识的强化促进了科技服务管理科研人员的增加，随着研究的不断深入，科技攻关项目越来越多，这直接推动了科研管理内容和形式的变化。科技服务管理主要从以下几个方面着手。

1.建立高水平的科技攻关团队

随着现代运动训练水平的不断提高，建立高水平的科技攻关团队越来越有必要，在此过程中要以项目本质特征、训练体系构建、训练各个环节创新等为核心。在科技攻关组织上，要充分整合与利用运动队内部科研资源，吸纳专业的科研人员投入这一工作中。

2.优化科技服务的工作流程

第一，每个运动队依据本队队员的具体情况选定常用的专项指标，并构建不同负荷下的可操作性强的指标评价系统。

第二，从标准化角度出发培训科研人员，使其综合分析能力进一步提高，要深入了解具有动态性和综合性的各项指标的价值，科学预测运动员的未来状态，为提高训练效果提供正确的导向。

第三，依据相关标准对运动队科研进行分层管理，一般将其分为测试服务型、科研分析型、课题攻关型、训练创新型、科技先导型五个层次。

3.建立数据库，提高运动队训练的定量管理水平

在科研测试与分析中，科研人员要明确数据分析程序和分析步骤，以便了解各个指标的意义和价值。在运动队训练过程中，要注意积累科研数据，建设信息化平台，推动训练的科学化发展。

4.建立运动队训练科研管理制度

在我国高水平运动队训练管理中，科研管理效果的提高离不开制度的制定与实施，从当前运动队训练科研管理的现状出发，应建立包括以下内容的运动队训练科研管理制度：①运动队训练科研的立项管理；②运动队训练科研的信息管理；③运动队训练科研的计划管理；④运动队训练科研的人员管理；⑤运动队训练科研的成果管理；⑥运动队训练科研的奖励管理；⑦运动队训练科研的经费管理；⑧运动队训练科研的合作管理等。

第四节　高校体育资源管理

一、高校体育财力资源管理

（一）体育教研经费管理

随着时代的变迁和人们观念的转变，体育课程教学的改革也在不断深化，这为体育教学提供了重要的理论基础和依据。同时，体育学科也在不断发展，这就需要充足的体育教研经费作为保证。体育教研经费管理主要从以下几个方面入手。

1.**邀请有关专家进行科研成果鉴定费用**

在体育科研项目中，为了鉴定科研成果，必须邀请有关专家进行评估和调研。因此，应将这一项费用列入年度经费预算。

2.**出席各级体育科研研讨（报告）会议费用**

体育教师进行体育科学研究要发表论文，论文发表后就可能被邀请参加各级体育科研论文报告会，因此，这也是每年年度经费预算中不可缺少的一个重要部分。

3.**外出考察观摩学习费用**

在体育教学改革中，不同学校对上级下发文件的理解都会存在着差异。通过外出考察、观摩和学习，能够充分理解上级的指示，通观全局，制定适合本校的体育教学改革方案。因此，每年的体育经费预算中就需要列出外出考察的费用。

（二）体育器材经费管理

体育器材可以分为不同的种类，比较常见的有大型的固定资产和小型的消耗品。其中，通常不会经常购置大型器材，只有小型消耗品需要每年添置。提高体育器材的使用效率，使体育器材成本得以有效降低，从而使体育器材经费最大限度地发挥作用。通常情况下，对体育器材经费的管理主要从以下几个方面入手。

1.科学制定采购器材预算

以每年体育器材消耗费用、第二年增减项目的器材费用、体育教师工作服、机动费用等为主要依据，将年度采购的预算做出来。通常情况下，每年体育器材的消耗费用是固定的，如篮球、排球、足球、羽毛球等运动项目，每年在球和球拍的使用上消耗比较大。这笔费用是每年采购预算必列项目。通常情况下，第二年增减项目的器材费用是应对改革需要和特殊情况对器材购置进行调整而准备的。体育教师工作服要根据每个学校的情况来采购，可以集体采购，也可以由体育教师自己购买，但是必须纳入年度采购的预算项目内。机动费用一般是灵活经费，由于每年经费都会有一定的增减，因此机动费用是以备不时之需的。

2.提高采购行为的规范化

高校每年体育器材的采购花费是一笔不小的开支，采购的质量和渠道对有限的体育经费是否能够充分发挥作用会产生非常重要的影响。鉴于此，就要求增加采购的透明度，提高采购行为的规范性。

3.减耗增效

为了降低采购体育器材的经费，要充分发挥体育器材的作用，把损耗降到最低。但是，不可否认的是，只要器材投入使用就肯定会有损耗，因此，这就要求在管理方面加大力度，建立健全体育器材管理制度，规范器材采购和管理流程，尽可能地减少损失。

（三）体育活动经费管理

体育活动经费投入的主要目的是通过开展丰富多彩的体育活动，促使学生锻炼身体。体育管理者要遵循群体活动经费的使用规律，把每一分钱都用在学生身上。体育活动经费经费管理主要从以下几个方面入手。

1.学生体育协会活动

体育协会活动是在学校的扶持、体育教师的指导、学生的积极参与下开展的。体育协会是以学生缴纳的入会费运作的，该组织的开销费用都是从入会费中来的。但是，学生缴纳的费用是很少的，不足以支撑活动的开展，因此，就需要学校经费的支持。在活动中，需要支出的费用主要有以下几个方面。

（1）添置器材费

通常情况下，学生单项体育协会活动所使用的器材都是与体育课堂教学器材共用的，但是，对一些较为特殊的单项体育协会来说，这是远远不够的，如成立拳击、划艇、棋牌等在体育课上难以开设的协会，就需要专门添置器材，因此，需要将这笔费用列入学校经费预算中。

（2）教师指导费

体育教师对学生单项体育协会是否能够进行科学指导是该项活动能否长期开展下去的关键。因此，必须对教师指导设置专门的酬劳费。

（3）内部比赛费用

学生单项体育协会除平时自己组织练习外，还可以开展协会内部的竞赛活动，开展活动就需要增加一些奖励费用。因此，要保证比赛顺利进行，就需要将这部分费用列入学校预算中。

（4）外出比赛费用

单项学生体育协会成立的主要目的是使广大学生的兴趣得到满足，能够广泛开展校际的体育交流等。但是，如果外出比赛，就会有一些费用开支，如交通费、餐费等。这些费用靠学生缴纳的会费是远远不够的，因此，需要列入学校预算中。

2.组织学生体育郊游

随着体育课程改革的不断深入，体育课程的开展已经不仅仅局限于校内了，校外（社会、野外）活动逐渐成为体育课程结构的一部分，这不仅使体育教学的领域得到进一步的扩展，同时，也增加了经费开支。要使这项活动有计划地进行，就需要有充足的资金支持。

（四）体育竞赛经费管理

高校体育代表队参加校外大型比赛的经费开支，就是所谓的体育竞赛经费。体育竞赛经费可以执行专款专用的模式，也可以把经费细化，这些竞赛往往会对学校的荣誉产生较大的影响。具体来说，体育竞赛经费管理要从以下几个方面入手。

1.训练竞赛器材费用

训练与竞赛的开展需要配备专门的体育器材，要与实战要求相近，在规格方面，可以高于实战的规格，但不能比实战的规格低，究其原因，主要是由于体育器材的质量和档次会对比赛成绩产生直接的影响。

2.运动员训练补助

体育竞赛经费的一项重要开支就是运动员训练补助。运动员的训练与学生体育协会的活动是有一定差别的，他们是为学校争得荣誉，训练需要消耗体力，要有营养补充，而对学生体育协会的学生来说，是不需要这笔费用的。要以运动员的等级、贡献的大小、技术水平的高低等要素决定具体的补助费用。

3.教练员训练课酬

教练员训练课酬与其他公共课有一定的差异性，究其原因，主要是由于竞赛不仅需要教练员全身心投入，还要以每个成员的情况为主要依据，随时调整训练计划。比如，教练员不仅要抓运动员的训练，还要抓运动员的思想作风，这些需要耗费很大的精力。因此，为了能够让教练员集中精力将训练和竞赛搞好，学校应该在这方面有一定的倾斜政策。

4.运动员比赛服装费用

通常情况下，要求运动员的比赛服装在每年大赛前添置一套，也可以根据本校情况增加相应的配置。这方面的经费要根据市场价格来确定，不仅要求服装与竞赛规则相符，同时要具有实用、美观等特点。

5.外出招体育特长生经费

为了促进体育不断发展，相关人员往往会外出招收体育特长生，这项工作也需要一定的经费。除了一般的工作关系外，要想招到较为满意的体育人才，还要进行一定的感情交流，这些都需要经费。通常情况下，外出招体育特长生需要的经费支出主要包括差旅费、交际费、电话费等。

6.交通、住宿等费用

校代表队在进行校外竞赛时，距离的远近往往在很大程度上决定着花费的多少。一般来说，近距离需要交通费，远距离则需要交通费、住宿费、餐费等。这些都需要在学校年度预算中列出。

7.比赛奖励

校代表队在正式比赛中取得好成绩，理应进行奖励。奖励不仅能够使运动员的士气得到有效鼓舞，同时，还能够利用奖励作为招生的有利条件，将高水平队员吸引到本校就读，这对体育人才的引进也是非常有利的。一般情况下，是要按照级别、名次进行奖励的。不同级别的比赛及获取不同的名次，获得的奖励也是不同的。通常来说，省一级比赛取得前六名就应有奖励。

二、高校体育物力资源管理

（一）体育场馆管理

对高校体育物力资源管理来说，体育场馆的管理是其中一项基本工作，也是非常重要的一项工作。高校体育课程教学工作的顺利进行，与体育场馆有着较为密切的联系，因此，要重视体育场馆的管理并将这一工作做好。具体来说，应该做到以下几点。

1.功能齐全，搭配合理

为了保障课堂教学、活动和训练的正常进行，体育场馆必须具有满足教学需要的功能，并且要搭配合理，专馆专用。其中，高校普遍开展的体育课程要保证优先进行，这类体育课程主要包括田径、篮球、排球、足球、羽毛球、乒乓球、武术、健美操、游泳、体操等。

2.环境安静，不影响上课

体育环境的管理包括两个方面，一方面是体育场馆内部的管理，另一方面是体育场馆外部的管理。对体育环境产生影响的外部因素主要是指来自课堂外部的一些因素的影响，譬如其他人的走动或者观望等，这些都会使部分学生的注意力分散，甚至引起混乱。因此，体育教师要正确对待和处理这些外界环境因素的干扰，创设良好的体育教学环境。

3.卫生整洁，环境优美

体育场馆的主要功能就是使师生参加体育活动的需求得到满足，保障师生身心健康。对体育场馆的要求主要表现为不得在体育场地周围 2 m 以内设置障碍物，长期使用的大型器材应相对固定摆放并定期检查维护，以保证安全使用。除此之外，要保证体育器材和场馆地面的卫生，定期消毒和打扫。体育场馆的环境是体育教学物力资源的重要组成部分。体育场地周围和体育场馆内的环境尽量要保持舒适，这样，能够使师生在进行体育锻炼时保持愉快心情。

4.制度健全，责任分明

由于体育场馆中的很多工作都是周而复始的，比如，保洁人员每天的工作就是打扫同一个地方、收拾同一件物品，管理人员有时会检查同一批器材、巡视同一个地方，因此体育场馆的管理是一项长期、细致、艰巨的工作，需要制度化。简单工作的单调重复往往会让人产生枯燥的感觉，精神疲惫的现象也比较容易产生，时间长了就会使人们失去工作的热情。鉴于此，通常可以采用周期安排的方法，以一周或一个月为一个周期，以事情的轻重缓急为主要依据，均匀地安排在一个周期内，这样，在保证工作不单调的同时又能把需要做的事都做完。

（二）体育器材管理

由于器材需要分门别类和经常性地进行保养和维护，因此，可以说体育器材的管理是一项非常烦琐的工作。这就要求高校体育器材的管理工作要在操作上体现出程序化、制度化，具体来说，应该从以下几个方面入手。

1.体育器材的放置要分门别类

体育器材的摆放应做到分门别类、秩序井然，以使用频率为主要依据对其进行分类。为了便于教学活动的进行，通常情况下，经常使用的大型器材要按固定位置摆放，小型器材要定点存放。需要注意的是，禁止在场内随意摆放不经常使用的器材，必须将其收进保管室妥善处理。

2.器材管理员要坚守岗位

器材管理员要按部就班地完成每天的工作任务。一般来说，上课前，器材管理员要做好整理场地器材、给球充气等工作；上课期间，器材管理员要随时准备应付如天气变化、任课教师改变计划、器材损坏等突发事件，以使教学有序进行，切忌擅离职守。

3.保持体育器材室的卫生

体育器材室内应保持整洁的状态，卫生工作的频率通常为每天一小扫，每周一中扫，每月一大扫。在进行卫生清扫工作时，要求仔细清理体育器材室的每个角落。

4.外借体育器材时要按规定办理手续

对体育器材管理人员来说，应做到以下几点：①一定要按时、按项目、按量把器材提供给任课教师，不可以随意外借器材；②体育教师要根据教学需要填写器材申请单，学生凭体育教师签名的申请单到器材室领取器材；③由使用体育器材的部门提出申请，经体育部负责人批准后，方能借出。

三、高校体育人力资源管理

（一）高校体育人力资源管理的内容

1.职位分析与设计

高校首先要对本校体育职位的性质、责任、工作流程，以及能够胜任该职位工作人员的素质、知识、技能等加以分析，在调查、分析所获取的相关信息的基础上，编写职务说明书和岗位规范等人事管理文件。

2.人力资源规划

把高校的体育人力资源战略转化为中长期目标、计划和措施，包括对人力资源的现状分析、未来人员的供需预测与平衡，确保高校能够及时获得所需要的人力资源。

3.人才招聘与选拔

根据人力资源的规划以及工作的需要，为高校招聘、选拔人才并将其安排到合适的工作岗位上。

4.绩效考评

对高校体育人才在工作中取得的成绩进行考核并及时作出反馈，以便提高体育人才工作的积极性，为他们的晋升、评优等人事决策提供相应的依据。

5.薪酬管理

薪酬管理包括对基本薪酬、绩效薪酬、奖金、津贴等薪酬结构的设计与管理,借此激励体育人才更加努力地为高校体育工作贡献他们的力量。

6.培训与开发

通过培训提高个人、群体和整个组织的工作效率,进一步开发组织成员的智力潜能,提升人力资源的贡献率。

7.职业生涯规划

关心体育人才的个人发展,帮助他们制订个人发展规划,以进一步激发他们的积极性和创造性。

(二) 高校体育人力资源管理的原则

1.目标原则

明确的目标是进行人才管理的必要条件,因此,在高校体育人力资源管理中,在重视实现组织目标的同时,对员工个人的发展也要给予高度重视。

2.系统原则

所谓系统原则,就是从整体的观点出发,统揽全局,把握人力资源系统结构,深入分析其能级,并对其变化进行跟踪。与此同时,还要控制好方向,保证管理目标的顺利实现。

3.能级原则

所谓能级原则,是根据体育人才的才能对其所从事的具体工作进行安排,授予其相应的工作职权,并对其所要承担的责任加以明确,从而使人的才能适应其所从事的工作岗位的要求。以人的职称、经验等为主要依据将其安排到合适的岗位上,能够使各个岗位人员的能级水平尽可能地规范化和标准化,从而达到人尽其才的目的。

4.激励原则

所谓激励原则,就是运用相应的政策手段,对体育人才的工作积极性和创造热情进行有效激励,并且通过适当的手段对他们取得的成绩给予适当的奖励。一般有很多种对人才进行激励的方法,当前较为常用的方法主要有奖励激励、榜样激励、关怀激励、支持激励、目标激励、领导行为激励、竞赛激励等。需要注意的是，这些激励方法要根据实际情况有针对性地选择和运用。

（三）高校体育人力资源管理的要求

1.为职择人

为职择人是指在体育管理活动中，根据体育事业的需要设置体育管理机构，制定各岗位的职责规范，然后按照岗位选拔合适的人才。

2.任人唯贤

任人唯贤是指在选拔和任用体育人才时，必须按照人才的政治思想、业务水平及能力大小来择优选拔和任用，切忌任人唯亲。

3.用当其人

每个人的一生中，都有其能力的最佳时期，体育人才也不例外。在体育管理中必须抓住个人能力的最佳时期，及时、充分地发挥人才的最大作用。

（四）体育教师的管理

1.体育师资队伍建设

高校体育教师管理的基础是建立一支业务水平高、作风优良的体育师资队伍。体育师资队伍建设主要从以下两个方面着手。

（1）编制体育师资规划

编制体育师资规划，需要综合考虑当前高校体育的发展状况和未来发展的需要，具体考虑因素如下。

第一，体育法律法规。高校需以体育法律法规中的相关规定为依据编制体育师资规划。

第二，高校体育的基本状况。这里所说的高校体育的基本状况主要是指高校体育教师工作职责，如体育教学、课外体育活动、课余体育训练和竞赛等相关工作任务，具体要以教学数量和其他体育活动的工作量为依据计算工作量。

第三，师生比例。体育教学质量是否能够得到保障，受到师生比例的影响，教育部相关文件中提出合理的教学师生比和训练师生比分别为1∶30和1∶8。

第四，高校体育工作未来发展预测。根据高校体育工作的未来发展需求，可以大体计算所需的体育教师的数量，体育教师数量需满足学生体质健康测试、课外体育活动和运动训练等工作开展的基本需求。

（2）选拔引进体育师资

高校体育教师编制确定后，需对现有的体育教师结构进行调整与优化，根据需要对招聘体育教师。公布招聘信息—笔试—面试—试讲—录用—培训是招聘体育教师的基本程序，在招聘过程中，要全面考察应聘者的思想素质、业务素质和身体素质等综合素质。

2.体育师资队伍培训

加强对高校体育教师的管理，促进体育教师个人发展，需要对体育教师进行全面的培训。对体育教师的培训主要从以下两个方面进行。

（1）体育教师职业发展规划

体育教师职业发展规划指的是在高校体育管理部门的指导下，以体育教师自身的优势和特点为根据，结合高校体育工作开展的需要，帮助体育教师制定个人职业发展规划，从而促进体育教师个人的发展以及高校体育的发展。

体育教师制定个人职业发展规划主要有以下三个步骤：①明确职业发展目标，包括体育业务水平目标、体育教学水平目标、体育理论水平目标等；②制定职业发展计划，包括目标实现的途径和具体方案等；③确定实现职业生涯发展的阶段性检查标准，对职业发展计划的落实情况进行监督和检查。

（2）体育教师培训

现代社会的飞速发展要求体育教师积极参加培训，不断优化自身的知识结构，以适应时代发展的要求。这就需要加强对体育教师的培训，具体可以通过以下步骤展开培训工作。

一是培训需求调查。培训需求来源于三个方面，分别是经济社会发展的社会需求、高校体育发展的组织需求、体育教师发展的个体需求。调查问卷、培训访谈等是获得社会、组织和个人的需求信息的主要途径，获取信息后要分析信息，以明确培训的目的和要求。

二是培训计划。体育教师的培训形式多样、培训内容复杂，具体要以需求信息为依据并结合高校的具体情况选择合适的培训形式。常见的体育教师培训形式有学术交流活动、教研活动、函授、集中培训等。

三是培训实施。以培训计划为依据组织培训工作，建立相关的培训制度，从而提高体育教师的培训效果。

四是培训反馈。培训结束后，主管部门要对培训效果进行评估，从而更好地开展新一轮的培训工作。

3.体育教师的绩效管理

（1）绩效评估

体育教师的绩效评估包括以下两点：①行为评估，评估体育教师的出勤率、工作完成率等日常工作行为；②结果评估，评估体育教师所从事的体育工作的效果，如学生的体质健康水平、在体育竞赛中取得的成绩等。

（2）绩效反馈

绩效反馈就是在得到评估结果后，向组织和个人反馈评估结果。书面通知、面谈交流是常见的反馈形式。不管如何传达，都要保证传达的准确性，使体育教师能够及时发现自己工作中的不足。

（3）绩效提升

绩效提升涉及以下工作：①体育管理部门可通过会谈、会议、培训等方式对体育教师进行指导，使绩效较低的教师掌握提升绩效的一些方法；②体育教师总结自己在上一阶段的绩效表现，在此基础上探索绩效提升的途径；③体育管理部门都要密切关注体育教师的教学行为，以保障绩效提升方法的落实，促进体育教师绩效的有效提升。

（4）薪酬管理

为了更好地对体育教师进行绩效管理，必须实施科学的薪酬管理制度。对体育教师的薪酬进行管理时，应贯彻责、权、利对等原则，激励体育教师努力提高工作绩效。

在薪酬管理中，要建立薪酬制度。建立薪酬制度时，要考虑体育教师的工作特点，同时，必须与管理制度相适应。通过建立薪酬制度，鼓励体育教师积极参加培训，提高工作绩效，高水平完成工作。

（五）学生的管理

1.学生管理的原则

（1）增强体质

在高校体育教学中，对大学生进行管理主要从体质健康入手，主要就是看大学生的体质水平是否得到提高。如果大学生经过一段时间的体育学习后，体质没有提升，那么体育教师在接下来的教学中就要重点加强对学生体质的培养。

（2）普及为主

在高校运动队训练中，教练员对运动员的竞技能力提出了较高的要求，希望将这些学生运动员培养成为尖子选手，使其在比赛中取得优异的成绩，但很多学生都无法承受高负荷训练。面对这一情况，学校体育活动应以普及为主，提高学生的体质健康水平。因此，坚持普及为主的原则可以较好地处理运动训练中的矛盾。

（3）全面发展。

在高校体育工作的各个方面都要加强对学生的管理，在不同的工作中管理的侧重点不同，但总的目标都是促进学生全面发展，使学生拥有良好的身体素质，掌握一定的运动技能，具备一定的社交能力和良好的审美能力等。只有重视学生全面发展，才能提高高校体育管理工作的效果。

2.学生管理的内容

（1）体质健康管理

众所周知，促进学生体质健康水平的提高和身心的协调发展是高校体育教学的主要任务之一。学生的健康状况对民族未来的发展有重大影响，因此，在高校体育教学中应重视对学生的体质健康管理。

高校在学生体质健康管理方面需做好以下几个方面的工作：①健全学校组织机构；②针对学生建立专门的体质健康管理制度；③加强对学生的健康教育；④建立学生健康档案；⑤对学生的体质健康状况进行检查、评估。

（2）课堂纪律管理

在体育课堂教学中，要加强对学生的纪律管理，这样才能从基础上保障体育课堂教学的效果，所以，体育教师在上课时除了要传授知识外，还要做好纪律管理工作。体育课堂纪律管理可从以下几个方面进行：①严格要求学生的言行规范；②维护有序的课堂纪律；③发挥学生干部的作用。

（3）学习评价管理

在学习评价管理中，常见的评价形式有以下几种：①教师对学生的学习评价。教师一般采用测验法、定级法、体育态度评价法等评价学生的学习情况。②学生自我评价。学生自我评价可以很好地认识自己的不足。学生自我评价一般通过自我反省、自我反馈、自我暗示等方式进行。③学生之间相互评价。学生之间相互评价，不仅可以认识到自己的问题，还可以发现别人的优点，进而改正自己的不足，学习他人的优点，不断完善自我，实现共同进步。

参 考 文 献

[1] 蔡先锋. 现代体育教学发展与科学化管理[M]. 北京：中国书籍出版社，2014.

[2] 常智. 体育管理理论与实践[M]. 北京：北京师范大学出版社，2009.

[3] 丛伟. 体育教学要素的管理研究[M]. 北京：中国时代经济出版社，2014.

[4] 方奇，刘云朝，周建社，等. 普通高校高水平运动队建设"体教结合"的新视野[J]. 首都体育学院学报，2008（02）：35-37.

[5] 郭磊. 体育教育的新视野[M]. 长春：吉林大学出版社，2015.

[6] 韩江华. 高校体育教学管理研究[M]. 北京：中国时代经济出版社，2014.

[7] 贺善侃. 教育创新与创新教育[M]. 上海：东华大学出版社，2012.

[8] 胡小燕. 浅谈体育课堂教学管理及方法[J]. 湖北科技学院学报，2013（05）：204.

[9] 李红霞. 体育教学工作的科学组织与管理[M]. 北京：中国水利水电出版社，2016.

[10] 李启迪，周妍. 体育教学方法与手段甄异[J]. 体育与科学，2012（06）：113-117.

[11] 李启迪，邵伟德. 体育教学基本理论研究[M]. 北京：北京师范大学出版社，2014.

[12] 李新文. 体育健康管理方法论[M]. 成都：电子科技大学出版社，2014.

[13] 蔺新茂，毛振明. 体育教学内容论[M]. 北京：北京体育大学出版社，2014.

[14] 罗晋. 现代高校体育教学管理的发展与探索研究[M]. 北京：中国书籍出版社，2014.

[15] 马波. "体教结合"与高校高水平运动队建设的探讨[J]. 当代体育科技，2011（1）：86-88.

[16] 马定国. 高校公共体育管理[M]. 北京：北京体育大学出版社，2006.

[17] 毛振明. 体育教学论[M]. 3版. 北京：高等教育出版社，2017.

[18] 任利敏，刘浩，黄珂. 新编体育教学论[M]. 哈尔滨：哈尔滨工业大学出版社，2020.

[19] 邵伟德. 体育教学模式论[M]. 北京：北京体育大学出版社，2005.

[20] 舒刚民. 我国高校体育教学改革的影响因素及其发展对策研究[J]. 玉林师范学院

学报，2013（02）：88-95.

[21] 孙静.高校体育教学与训练研究[M].北京：现代出版社，2020.

[22] 仝来红.江苏省民办高校体育教学现状及对策研究[D].扬州：扬州大学，2009.

[23] 吴烦.武汉市中小学体育教学模式的选用现状及发展对策研究[D].武汉：湖北大学，2016.

[24] 姚蕾.体育隐蔽课程的基本理论与实践[M].北京：人民体育出版社，2001.

[25] 张成波.学校体育教学实践与管理[M].北京：台海出版社，2014.

[26] 张劲松，张树巍.高校体育管理理论与实践[M].沈阳：东北大学出版社，2016.

[27] 张瑞林.学校体育管理学[M].北京：高等教育出版社，2014.

[28] 张曦.高校体育教育专业学生运动技能培养研究[D].开封：河南大学，2017.

[29] 张亚平.学校体育教学与管理[M].北京：中国书籍出版社，2013.

[30] 张振华.体育教学理论与方法[M].北京：北京师范大学出版社，2016.

[31] 赵琼，马健勋，叶晓阳.当代体育教学管理研究[M].北京：中国纺织出版社，2017.

附　录

附录一　高等学校体育工作基本标准

为落实立德树人根本任务，加强高等学校体育工作，切实提高高校学生体质健康水平，促进学生全面发展，根据国家有关规定，制定本标准。本标准适用于普通本科学校和高等职业学校的体育工作。

一、体育工作规划与发展

1.全面贯彻党的教育方针，服务立德树人根本任务，将学校体育纳入学校全面实施素质教育的各项工作，认真执行国家教育发展规划、规章制度及各项要求。创新人才培养模式，使学生掌握科学锻炼的基础知识、基本技能和有效方法，学会至少两项终身受益的体育锻炼项目，养成良好锻炼习惯。挖掘学校体育在学生道德教育、智力发展、身心健康、审美素养和健康生活方式形成中的多元育人功能，有计划、有制度、有保障地促进学校体育与德育、智育、美育有机融合，提高学生综合素质。

2.统筹规划学校体育发展，把增强学生体质和促进学生健康作为学校教育的基本目标之一和重要工作内容，纳入学校总体发展规划，全面发挥体育在学校人才培养、科学研究、社会服务和文化传承中不可替代的作用。制订阳光体育运动工作方案，明确工作目标、具体任务、保障措施和责任分工，并落实各项工作。

3.设置体育工作机构，配备专职干部、教师和工作人员，并赋予其统筹开展学校体育工作的各项管理职能。实行学校领导分管负责制（或体育工作委员会制），每年至少召开一次体育工作专题会议，有针对性地解决实际问题。学校各有关部门积极协同配合，合理分工，明确人员，落实责任。

4.加强学校体育工作管理，在学校体育改革发展、教育教学、教研科研、竞赛活动、社会服务等各项工作领域制订规范文件、健全管理制度、加强过程监测。建立科学规范的学校体育工作评价机制，并纳入综合办学水平和教育教学质量评价体系。

二、体育课程设置与实施

5.严格执行《全国普通高等学校体育课程教学指导纲要》，必须为一、二年级本科学生开设不少于 144 学时（专科生不少于 108 学时）的体育必修课，每周安排体育课不少于 2 学时，每学时不少于 45 分钟。为其他年级学生和研究生开设体育选修课，选修课成绩计入学生学分。每节体育课学生人数原则上不超过 30 人。

6.深入推进课程改革，合理安排教学内容，开设不少于 15 门的体育项目。每节体育课须保证一定的运动强度，其中提高学生心肺功能的锻炼内容不得少于 30%；要将反映学生心肺功能的素质锻炼项目作为考试内容，考试分数的权重不得少于 30%。

7.创新教育教学方式，指导学生科学锻炼，增强体育教学的吸引力、特色性和实效性。建立体育教研、科研制度，形成高水平研究团队，多渠道开展以提高学生体质健康、教学质量、课余训练、体育文化水平等为目标的战略性、前瞻性、应用性项目研究，带动学校体育工作整体水平提高。

三、课外体育活动与竞赛

8.将课外体育活动纳入学校教学计划，健全制度、完善机制、加强保障。面向全体学生设置多样化、可选择、有实效的锻炼项目，组织学生每周至少参加三次课外体育锻炼，切实保证学生每天一小时体育活动时间。

9.学校每年组织春、秋季综合性学生运动会（或体育文化节），设置学生喜闻乐见、易于参与的竞技性、健身性和民族性体育项目，参与运动会的学生达到 50% 以上。经常组织校内体育比赛，支持院系、专业或班级学生开展体育竞赛和交流等活动。

10.注重培养学生体育特长，有效发挥体育特长生和学生体育骨干的示范作用，组建学生体育运动队，科学开展课余训练，组织学生参加教育和体育部门举办的体育竞赛。

11.加强校园体育文化建设，促进中华优秀体育文化传承创新。学校成立不少于20个学生体育社团，采取鼓励和支持措施定期开展活动，形成良好的校园体育传统和特色。开展对外体育交流与合作。通过校报、公告栏和校园网等形式，定期通报学生体育活动情况，传播健康理念。

12.因地制宜开展社会服务。支持体育教师适度参与国内外重大体育比赛的组织、裁判等社会实践工作。鼓励体育教师指导中小学体育教学、训练和参与社区健身辅导等公益活动。支持学校师生为政府及社会举办的体育活动提供志愿服务。

四、学生体质监测与评价

13.全面实施《国家学生体质健康标准》，建立学生体质健康测试中心，安排专门人员负责，完善工作条件，每年对所有学生进行体质健康测试，测试成绩向学生反馈，并将测试结果经教育部门审核后上报国家学生体质健康标准数据管理系统，形成本校学生体质健康年度报告。及时在校内公布学生体质健康测试总体结果。

14.建立健全《国家学生体质健康标准》管理制度，学生测试成绩列入学生档案，作为对学生评优、评先的重要依据。毕业时，学生测试成绩达不到50分者按结业处理（因病或残疾学生，凭医院证明向学校提出申请并经审核通过后可准予毕业）。毕业年级学生测试成绩及格率须达95%以上。

15.将学生体质健康状况作为衡量学校办学水平的重要指标。将体质健康状况、体育课成绩、参与体育活动等情况作为学生综合素质评价的重要内容。

16.建立学生体质健康状况分析和研判机制，根据学生体质健康状况制定干预措施，视情况采取分类教学、个别辅导等必要措施，指导学生有针对性地进行体育锻炼，切实改进体育工作，提高全体学生体质健康水平。

五、基础能力建设与保障

17.健全学校体育保障机制，学校体育工作经费纳入学校经费预算，并与学校教育事业经费同步增长。加强学校体育活动的安全教育、伤害预防和风险管理，建立健全校园体育活动意外伤害保险制度，妥善处置伤害事件。

18.根据体育课教学、课外体育活动、课余训练竞赛和实施《国家学生体质健康标准》等工作需要，合理配备体育教师。体育教师年龄、专业、学历和职称结构合理，健全体育教师职称评定、学术评价、岗位聘任和学习进修等制度。

19.将体育教学、课外体育活动、课余训练竞赛和实施《国家学生体质健康标准》等工作纳入教师工作量，保证体育教师与其他学科（专业）教师工作量的计算标准一致，实行同工同酬。

20.体育场馆、设施和器材等符合国家配备、安全和质量标准，完善配备、管理、使用等规章制度，基本满足学生参加体育锻炼的需求。定时维护体育场馆、设施，及时更新、添置易耗、易损体育器材。体育场馆、设施在课余和节假日向学生免费或优惠开放。

附录二　关于强化学校体育促进学生
身心健康全面发展的意见

各省、自治区、直辖市人民政府，国务院各部委、各直属机构：

强化学校体育是实施素质教育、促进学生全面发展的重要途径，对于促进教育现代化、建设健康中国和人力资源强国，实现中华民族伟大复兴的中国梦具有重要意义。党中央、国务院高度重视学校体育，党的十八届三中全会作出了强化体育课和课外锻炼的重要部署，国务院对加强学校体育提出明确要求。近年来，各地、各部门不断出台政策措施，加快推进学校体育，大力开展阳光体育运动，学校体育工作取得积极进展。但总体上看，学校体育仍是整个教育事业相对薄弱的环节，对学校体育重要性认识不足、体育课和课外活动时间不能保证、体育教师短缺、场地设施缺乏等问题依然突出，学校体育评价机制亟待建立，社会力量支持学校体育不够，学生体质健康水平仍是学生素质的明显短板。为进一步推动学校体育改革发展，促进学生身心健康、体魄强健，经国务院同意，现提出如下意见：

一、总体要求

（一）**指导思想**。全面贯彻落实党的十八大、十八届三中、四中、五中全会和习近平总书记系列重要讲话精神，全面贯彻党的教育方针，按照《国家中长期教育改革和发展规划纲要（2010—2020 年）》的要求，以"天天锻炼、健康成长、终身受益"为目标，改革创新体制机制，全面提升体育教育质量，健全学生人格品质，切实发挥体育在培育和践行社会主义核心价值观、推进素质教育中的综合作用，培养德智体美全面发展的社会主义建设者和接班人。

（二）**基本原则**。

坚持课堂教学与课外活动相衔接。保证课程时间，提升课堂教学效果，强化课外练习和科学锻炼指导，调动家庭、社区和社会组织的积极性，确保学生每天锻炼一小时。

坚持培养兴趣与提高技能相促进。遵循教育和体育规律，以兴趣为引导，注重因材施教和快乐参与，重视运动技能培养，逐步提高运动水平，为学生养成终身体育锻炼习惯奠定基础。

坚持群体活动与运动竞赛相协调。面向全体学生，广泛开展普及性体育活动，有序开展课余训练和运动竞赛，积极培养体育后备人才，大力营造校园体育文化，全面提高学生体育素养。

坚持全面推进与分类指导相结合。强化政府责任，统一基本标准，因地因校制宜，积极稳妥推进，鼓励依据民族特色和地方传统，大胆探索创新，不断提高学校体育工作水平。

（三）**工作目标。**到 2020 年，学校体育办学条件总体达到国家标准，体育课时和锻炼时间切实保证，教学、训练与竞赛体系基本完备，体育教学质量明显提高；学生体育锻炼习惯基本养成，运动技能和体质健康水平明显提升，规则意识、合作精神和意志品质显著增强；政府主导、部门协作、社会参与的学校体育推进机制进一步完善，基本形成体系健全、制度完善、充满活力、注重实效的中国特色学校体育发展格局。

二、深化教学改革，强化体育课和课外锻炼

（四）**完善体育课程。**以培养学生兴趣、养成锻炼习惯、掌握运动技能、增强学生体质为主线，完善国家体育与健康课程标准，建立大中小学体育课程衔接体系。各地中小学校要按照国家课程方案和课程标准开足开好体育课程，严禁削减、挤占体育课时间。有条件的地方可为中小学增加体育课时。高等学校要为学生开好体育必修课或选修课。科学安排课程内容，在学生掌握基本运动技能的基础上，根据学校自身情况，开展运动项目教学，提高学生专项运动能力。大力推动足球、篮球、排球等集体项目，积极推进田径、游泳、体操等基础项目及冰雪运动等特色项目，广泛开展乒乓球、羽毛球、武术等优势项目。进一步挖掘整理民族民间体育，充实和丰富体育课程内容。

（五）**提高教学水平。**体育教学要加强健康知识教育，注重运动技能学习，科学安排运动负荷，重视实践练习。研究制定运动项目教学指南，让学生熟练掌握一至两项运动技能，逐步形成"一校一品""一校多品"教学模式，努力提高体育教学质量。关注学生体育能力和体质水平差异，做到区别对待、因材施教。研究推广适合不同类型残疾学生的体育教学资源，提高特殊教育学校和对残疾学生的体育教学质量，保证每个学生接受体育教育的权利。支持高等学校牵头组建运动项目全国教学联盟，为中小学开展教改试点提供专业支撑，促进中小学提升体育教学水平。充分利用现代信息技术手段，开

发和创新体育教学资源，不断增强教学吸引力。鼓励有条件的单位设立全国学校体育研究基地，开展理论和实践研究，提高学校体育科学化水平。

（六）**强化课外锻炼。**健全学生体育锻炼制度，学校要将学生在校内开展的课外体育活动纳入教学计划，列入作息时间安排，与体育课教学内容相衔接，切实保证学生每天一小时校园体育活动落到实处。幼儿园要遵循幼儿年龄特点和身心发展规律，开展丰富多彩的体育活动。中小学校要组织学生开展大课间体育活动，寄宿制学校要坚持每天出早操。高等学校要通过多种形式组织学生积极参加课外体育锻炼。职业学校在学生顶岗实习期间，要注意安排学生的体育锻炼时间。鼓励学生积极参加校外全民健身运动，中小学校要合理安排家庭"体育作业"，家长要支持学生参加社会体育活动，社区要为学生体育活动创造便利条件，逐步形成家庭、学校、社区联动，共同指导学生体育锻炼的机制。组织开展全国学校体育工作示范校创建活动，各地定期开展阳光体育系列活动和"走下网络、走出宿舍、走向操场"主题群众性课外体育锻炼活动，坚持每年开展学生冬季长跑等群体性活动，形成覆盖校内外的学生课外体育锻炼体系。

三、注重教体结合，完善训练和竞赛体系

（七）**开展课余训练。**学校应通过组建运动队、代表队、俱乐部和兴趣小组等形式，积极开展课余体育训练，为有体育特长的学生提供成才路径，为国家培养竞技体育后备人才奠定基础。要根据学生年龄特点和运动训练规律，科学安排训练计划，妥善处理好文化课学习和训练的关系，全面提高学生身体素质，打好专项运动能力基础，不断提高课余运动训练水平。办好体育传统项目学校，充分发挥其引领示范作用。

（八）**完善竞赛体系。**建设常态化的校园体育竞赛机制，广泛开展班级、年级体育比赛，学校每年至少举办一次综合性运动会或体育节，通过丰富多彩的校园体育竞赛，吸引广大学生积极参加体育锻炼。制定学校体育课余训练与竞赛管理办法，完善和规范学生体育竞赛体制，构建县、市、省、国家四级竞赛体系。各地要在整合赛事资源的基础上，系统设计并构建相互衔接的学生体育竞赛体系，积极组织开展区域内竞赛活动，

定期举办综合性学生运动会。推动开展跨区域学校体育竞赛活动，全国学生运动会每三年举办一届。通过完善竞赛选拔机制，畅通学生运动员进入各级专业运动队、代表队的渠道。

四、增强基础能力，提升学校体育保障水平

（九）**加强体育教师队伍建设**。加强师德建设，增强广大体育教师特别是乡村体育教师的职业荣誉感，坚定长期致力于体育教育事业的理想与信心。各地要利用现有政策和渠道，按标准配齐体育教师和体育教研人员。办好高等学校体育教育专业，培养合格体育教师。鼓励优秀教练员、退役运动员、社会体育指导员、有体育特长的志愿人员兼任体育教师。实施体育教师全员培训，着力培养一大批体育骨干教师和体育名师等领军人才，中小学教师国家级培训计划（国培计划）重点加强中西部乡村教师培训，提升特殊教育体育教师水平。科学合理确定体育教师工作量，把组织开展课外活动、学生体质健康测试、课余训练、比赛等纳入教学工作量。保障体育教师在职称（职务）评聘、福利待遇、评优表彰、晋级晋升等方面与其他学科教师同等待遇。高等学校要完善符合体育学科特点的体育教师工作考核和职称（职务）评聘办法。

（十）**推进体育设施建设**。各地要按照学校建设标准、设计规范，充分利用多种资金渠道，加大对学校体育设施建设的支持力度。把学校体育设施列为义务教育学校标准化建设的重要内容，以保基本、兜底线为原则，建设好学校体育场地设施、配好体育器材，为体育教师配备必要的教学装备。进一步完善制度，积极推动公共体育场馆设施为学校体育提供服务，向学生免费或优惠开放，推动有条件的学校体育场馆设施在课后和节假日对本校师生和公众有序开放，充分利用青少年活动中心、少年宫、户外营地等资源开展体育活动。

（十一）**完善经费投入机制**。各级政府要切实加大学校体育经费投入力度，地方各级人民政府在安排财政转移支付资金和本级财力时要对学校体育给予倾斜。各级教育部门要根据需求将学校体育工作经费纳入年度预算，学校要保障体育工作的经费需求。鼓

励和引导社会资金支持发展学校体育，多渠道增加学校体育投入。

（十二）**健全风险管理机制。**健全学校体育运动伤害风险防范机制，保障学校体育工作健康有序开展。对学生进行安全教育，培养学生安全意识和自我保护能力，提高学生的伤害应急处置和救护能力。加强校长、教师及有关管理人员培训，提高学校体育从业人员运动风险管理意识和能力。学校应当根据体育器材设施及场地的安全风险进行分类管理，定期开展检查，有安全风险的应当设立明显警示标志和安全提示。完善校方责任险，探索建立涵盖体育意外伤害的学生综合保险机制。鼓励各地政府试点推行学生体育安全事故第三方调解办法。

（十三）**整合各方资源支持学校体育。**完善政策措施，采取政府购买体育服务等方式，逐步建立社会力量支持学校体育发展的长效机制，引导技术、人才等资源服务学校体育教学、训练和竞赛等活动。鼓励专业运动队、职业体育俱乐部定期组织教练员、运动员深入学校指导开展有关体育活动。支持学校与科研院所、社会团体、企业等开展广泛合作，提升学校体育工作水平。加深同港澳台青少年体育活动的合作。加强学校体育国际交流。

五、加强评价监测，促进学校体育健康发展

（十四）**完善考试评价办法。**构建课内外相结合、各学段相衔接的学校体育考核评价体系，完善和规范体育运动项目考核和学业水平考试，发挥体育考试的导向作用。体育课程考核要突出过程管理，从学生出勤、课堂表现、健康知识、运动技能、体质健康、课外锻炼、参与活动情况等方面进行全面评价。中小学要把学生参加体育活动情况、学生体质健康状况和运动技能等级纳入初中、高中学业水平考试，纳入学生综合素质评价体系。各地要根据实际，科学确定初中毕业升学体育考试分值或等第要求。实施高考综合改革试点的省（区、市），在高校招生录取时，把学生体育情况作为综合素质评价的重要内容。学校体育测试要充分考虑残疾学生的特殊情况，体现人文关怀。修订体育教育本科专业学生普通高考体育测试办法，提高体育技能考核要求。制定普通高校高水平

运动队建设实施意见，规范高水平运动员招生。

（十五）**加强体育教学质量监测。**明确体育课程学业质量要求，制定学生运动项目技能等级评定标准和高等学校体育学类专业教学质量国家标准，促进学校体育教学质量稳步提升。建立中小学体育课程实施情况监测制度，定期开展体育课程国家基础教育质量监测。建立健全学生体质健康档案，严格执行《国家学生体质健康标准》，将其实施情况作为构建学校体育评价机制的重要基础，确保测试数据真实性、完整性和有效性。鼓励各地运用现代化手段对体育课质量进行监测、监控或对开展情况进行公示。

六、组织实施

（十六）**加强组织领导。**各地要把学校体育工作纳入经济社会发展规划，加强统筹协调，落实管理责任，并结合当地实际，研究制定加强学校体育工作的具体实施方案，切实抓紧抓好。进一步加强青少年体育工作部际联席会议制度，强化国务院有关部门在加强青少年体育工作中的责任，按照职责分工，落实好深化学校体育改革的各项任务。

（十七）**强化考核激励。**各地要把学校体育工作列入政府政绩考核指标、教育行政部门与学校负责人业绩考核评价指标。对成绩突出的单位、部门、学校和个人进行表彰。加强学校体育督导检查，建立科学的专项督查、抽查、公告制度和行政问责机制。对学生体质健康水平持续三年下降的地区和学校，在教育工作评估中实行"一票否决"。教育部要会同有关部门定期开展学校体育专项检查，建立约谈有关主管负责人的机制。

（十八）**营造良好环境。**通过多种途径，充分利用报刊、广播、电视及网络等手段，加强学校体育工作新闻宣传力度，总结交流典型经验和有效做法，传播科学的教育观、人才观和健康观，营造全社会关心、重视和支持学校体育的良好氛围。

附录三　关于全面加强和改进新时代学校体育工作的意见

学校体育是实现立德树人根本任务、提升学生综合素质的基础性工程，是加快推进教育现代化、建设教育强国和体育强国的重要工作，对于弘扬社会主义核心价值观，培养学生爱国主义、集体主义、社会主义精神和奋发向上、顽强拼搏的意志品质，实现以体育智、以体育心具有独特功能。为贯彻落实习近平总书记关于教育、体育的重要论述和全国教育大会精神，把学校体育工作摆在更加突出位置，构建德智体美劳全面培养的教育体系，现就全面加强和改进新时代学校体育工作提出如下意见。

一、总体要求

1.指导思想。以习近平新时代中国特色社会主义思想为指导，全面贯彻党的教育方针，坚持社会主义办学方向，以立德树人为根本，以社会主义核心价值观为引领，以服务学生全面发展、增强综合素质为目标，坚持健康第一的教育理念，推动青少年文化学习和体育锻炼协调发展，帮助学生在体育锻炼中享受乐趣、增强体质、健全人格、锤炼意志，培养德智体美劳全面发展的社会主义建设者和接班人。

2.工作原则

——改革创新，面向未来。立足时代需求，更新教育理念，深化教学改革，使学校体育同教育事业的改革发展要求相适应，同广大学生对优质丰富体育资源的期盼相契合，同构建德智体美劳全面培养的教育体系相匹配。

——补齐短板，特色发展。补齐师资、场馆、器材等短板，促进学校体育均衡发展。坚持整体推进与典型引领相结合，鼓励特色发展。弘扬中华体育精神，推广中华传统体育项目，形成"一校一品""一校多品"的学校体育发展新局面。

——凝心聚力，协同育人。深化体教融合，健全协同育人机制，为学生纵向升学和横向进入专业运动队、职业体育俱乐部打通通道，建立完善家庭、学校、政府、社会共同关心支持学生全面健康成长的激励机制。

3.主要目标。到 2022 年，配齐配强体育教师，开齐开足体育课，办学条件全面改善，学校体育工作制度机制更加健全，教学、训练、竞赛体系普遍建立，教育教学质量全面提高，育人成效显著增强，学生身体素质和综合素养明显提升。到 2035 年，多样化、现代化、高质量的学校体育体系基本形成。

二、不断深化教学改革

4.开齐开足上好体育课。严格落实学校体育课程开设刚性要求，不断拓宽课程领域，逐步增加课时，丰富课程内容。义务教育阶段和高中阶段学校严格按照国家课程方案和课程标准开齐开足上好体育课。鼓励基础教育阶段学校每天开设 1 节体育课。高等教育阶段学校要将体育纳入人才培养方案，学生体质健康达标、修满体育学分方可毕业。鼓励高校和科研院所将体育课程纳入研究生教育公共课程体系。

5.加强体育课程和教材体系建设。学校体育课程注重大中小幼相衔接，聚焦提升学生核心素养。学前教育阶段开展适合幼儿身心特点的游戏活动，培养体育兴趣爱好，促进运动机能协调发展。义务教育阶段体育课程帮助学生掌握 1 至 2 项运动技能，引导学生树立正确健康观。高中阶段体育课程进一步发展学生运动专长，引导学生养成健康生活方式，形成积极向上的健全人格。职业教育体育课程与职业技能培养相结合，培养身心健康的技术人才。高等教育阶段体育课程与创新人才培养相结合，培养具有崇高精神追求、高尚人格修养的高素质人才。学校体育教材体系建设要扎根中国、融通中外，充分体现思想性、教育性、创新性、实践性，根据学生年龄特点和身心发展规律，围绕课程目标和运动项目特点，精选教学素材，丰富教学资源。

6.推广中华传统体育项目。认真梳理武术、摔跤、棋类、射艺、龙舟、键球、五禽操、舞龙舞狮等中华传统体育项目，因地制宜开展传统体育教学、训练、竞赛活动，并融入学校体育教学、训练、竞赛机制，形成中华传统体育项目竞赛体系。涵养阳光健康、拼搏向上的校园体育文化，培养学生爱国主义、集体主义、社会主义精神，增强文化自信，促进学生知行合一、刚健有为、自强不息。深入开展"传承的力量——学校体育艺术教育弘扬中华优秀传统文化成果展示活动"，加强宣传推广，让中华传统体育在校园绽放光彩。

7.强化学校体育教学训练。逐步完善"健康知识＋基本运动技能＋专项运动技能"的学校体育教学模式。教会学生科学锻炼和健康知识，指导学生掌握跑、跳、投等基本运动技能和足球、篮球、排球、田径、游泳、体操、武术、冰雪运动等专项运动技能。健全体育锻炼制度，广泛开展普及性体育运动，定期举办学生运动会或体育节，组建体育兴趣小组、社团和俱乐部，推动学生积极参与常规课余训练和体育竞赛。合理安排校外体育活动时间，着力保障学生每天校内、校外各1个小时体育活动时间，促进学生养成终身锻炼的习惯。加强青少年学生军训。

8.健全体育竞赛和人才培养体系。建立校内竞赛、校际联赛、选拔性竞赛为一体的大中小学体育竞赛体系，构建国家、省、市、县四级学校体育竞赛制度和选拔性竞赛（夏令营）制度。大中小学校建设学校代表队，参加区域乃至全国联赛。加强体教融合，广泛开展青少年体育夏（冬）令营活动，鼓励学校与体校、社会体育俱乐部合作，共同开展体育教学、训练、竞赛，促进竞赛体系深度融合。深化全国学生运动会改革，每年开展赛事项目预赛。加强体育传统特色学校建设，完善竞赛、师资培训等工作，支持建立高水平运动队，提高体育传统特色学校运动水平。加强高校高水平运动队建设，优化拓展项目布局，深化招生、培养、竞赛、管理制度改革，将高校高水平运动队建设与中小学体育竞赛相衔接，纳入国家竞技体育后备人才培养体系。深化高水平运动员注册制度改革，建立健全体育运动水平等级标准，打通教育和体育系统高水平赛事互认通道。

三、全面改善办学条件

9.配齐配强体育教师。各地要加大力度配齐中小学体育教师，未配齐的地区应每年划出一定比例用于招聘体育教师。在大中小学校设立专（兼）职教练员岗位。建立聘用优秀退役运动员为体育教师或教练员制度。有条件的地区可以通过购买服务方式，与相关专业机构等社会力量合作向中小学提供体育教育教学服务，缓解体育师资不足问题。实施体育教育专业大学生支教计划。通过"国培计划"等加大对农村体育教师的培训力度，支持高等师范院校与优质中小学建立协同培训基地，支持体育教师海外研修访学。推进高校体育教育专业人才培养模式改革，推进地方政府、高校、中小学协同育人，建设一批试点学校和教育基地。明确高校高职体育专业和高校高水平运动队专业教师、教练员配备最低标准，不达标的高校原则上不得开办相关专业。

10.改善场地器材建设配备。研究制定国家学校体育卫生条件基本标准。建好满足课程教学和实践活动需求的场地设施、专用教室。把农村学校体育设施建设纳入地方义务教育均衡发展规划，鼓励有条件的地区在中小学建设体育场馆，与体育基础薄弱学校共用共享。小规模学校以保基本、兜底线为原则，配备必要的功能教室和设施设备。加强高校体育场馆建设，鼓励有条件的高校与地方共建共享。配好体育教学所需器材设备，建立体育器材补充机制。建有高水平运动队的高校，场地设备配备条件应满足实际需要，不满足的原则上不得招生。

11.统筹整合社会资源。完善学校和公共体育场馆开放互促共进机制，推进学校体育场馆向社会开放、公共体育场馆向学生免费或低收费开放，提高体育场馆开放程度和利用效率。鼓励学校和社会体育场馆合作开设体育课程。统筹好学校和社会资源，城市和社区建设规划要统筹学生体育锻炼需要，新建项目优先建在学校或其周边。综合利用公共体育设施，将开展体育活动作为解决中小学课后"三点半"问题的有效途径和中小学生课后服务工作的重要载体。

四、积极完善评价机制

12.推进学校体育评价改革。建立日常参与、体质监测和专项运动技能测试相结合的考查机制，将达到国家学生体质健康标准要求作为教育教学考核的重要内容。完善学生体质健康档案，中小学校要客观记录学生日常体育参与情况和体质健康监测结果，定期向家长反馈。将体育科目纳入初、高中学业水平考试范围。改进中考体育测试内容、方式和计分办法，科学确定并逐步提高分值。积极推进高校在招生测试中增设体育项目。启动在高校招生中使用体育素养评价结果的研究。加强学生综合素质评价档案使用，高校根据人才培养目标和专业学习需要，将学生综合素质评价结果作为招生录取的重要参考。

13.完善体育教师岗位评价。把师德师风作为评价体育教师素质的第一标准。围绕教会、勤练、常赛的要求，完善体育教师绩效工资和考核评价机制。将评价导向从教师教了多少转向教会了多少，从完成课时数量转向教育教学质量。将体育教师课余指导学生勤练和常赛，以及承担学校安排的课后训练、课外活动、课后服务、指导参赛和走教任务计入工作量，并根据学生体质健康状况和竞赛成绩，在绩效工资内部分配时给予倾斜。完善体育教师职称评聘标准，确保体育教师在职务职称晋升、教学科研成果评定等方面，与其他学科教师享受同等待遇。优化体育教师岗位结构，畅通体育教师职业发展通道。提升体育教师科研能力，在全国教育科学规划课题、教育部人文社会科学研究项目中设立体育专项课题。加大对体育教师表彰力度，在教学成果奖等评选表彰中，保证体育教师占有一定比例。参照体育教师，研究并逐步完善学校教练员岗位评价。

14.健全教育督导评价体系。将学校体育纳入地方发展规划，明确政府、教育行政部门和学校的职责。把政策措施落实情况、学生体质健康状况、素质测评情况和支持学校开展体育工作情况等纳入教育督导评估范围。完善国家义务教育体育质量监测，提高监测科学性，公布监测结果。把体育工作及其效果作为高校办学评价的重要指标，纳入高校本科教学工作评估指标体系和"双一流"建设成效评价。对政策落实不到位、学生体质健康达标率和素质测评合格率持续下降的地方政府、教育行政部门和学校负责人，依规依法予以问责。

五、切实加强组织保障

15.加强组织领导和经费保障。地方各级党委和政府要把学校体育工作纳入重要议事日程，加强对本地区学校体育改革发展的总体谋划，党政主要负责同志要重视、关心学校体育工作。各地要建立加强学校体育工作部门联席会议制度，健全统筹协调机制。把学校体育工作纳入有关领导干部培训计划。各级政府要调整优化教育支出结构，完善投入机制，积极支持学校体育工作。地方政府要统筹安排财政转移支付资金和本级财力支持学校体育工作。鼓励和引导社会资金支持学校体育发展，吸引社会捐赠，多渠道增加投入。

16.加强制度保障。完善学校体育法律制度，研究修订《学校体育工作条例》。鼓励地方出台学校体育法规制度，为推动学校体育发展提供有力法治保障。建立政府主导、部门协同、社会参与的安全风险管理机制。健全政府、学校、家庭共同参与的学校体育运动伤害风险防范和处理机制，探索建立涵盖体育意外伤害的学生综合保险机制。试行学生体育活动安全事故第三方调解机制。强化安全教育，加强大型体育活动安全管理。
17.营造社会氛围。各地要研究落实加强和改进新时代学校体育工作的具体措施，可以结合实际制定实施学校体育教师配备和场地器材建设三年行动计划。总结经验做法，形成可推广的政策制度。加强宣传，凝聚共识，营造全社会共同促进学校体育发展的良好社会氛围。

附录四 体育强国建设纲要

为进一步明确体育强国建设的目标、任务及措施，充分发挥体育在全面建设社会主义现代化国家新征程中的重要作用，制定本纲要。

一、总体要求

（一）**指导思想**。以习近平新时代中国特色社会主义思想为指导，全面贯彻党的十九大和十九届二中、三中全会精神，认真学习贯彻习近平总书记关于体育工作的重要论述，按照党中央、国务院关于加快推进体育强国建设的决策部署，坚持以人为本、改革创新、依法治体、协同联动，持续提升体育发展的质量和效益，大力推动全民健身与全民健康深度融合，更好发挥举国体制与市场机制相结合的重要作用，不断满足人民对美好生活的需要，努力将体育建设成为中华民族伟大复兴的标志性事业。

（二）**战略目标**。

到 2020 年，建立与全面建成小康社会相适应的体育发展新机制，体育领域创新发展取得新成果，全民族身体素养和健康水平持续提高，公共体育服务体系初步建立，竞技体育综合实力进一步增强，体育产业在实现高质量发展上取得新进展。

到 2035 年，形成政府主导有力、社会规范有序、市场充满活力、人民积极参与、社会组织健康发展、公共服务完善、与基本实现现代化相适应的体育发展新格局，体育治理体系和治理能力实现现代化。全民健身更亲民、更便利、更普及，经常参加体育锻炼人数比例达到 45% 以上，人均体育场地面积达到 2.5 平方米，城乡居民达到《国民体质测定标准》合格以上的人数比例超过 92%；青少年体育服务体系更加健全，身体素养显著提升，健康状况明显改善；竞技体育更好、更快、更高、更强，夏季项目与冬季项目、男子项目与女子项目、职业体育与专业体育、"三大球"与基础大项等实现均衡发展，综合实力和国际影响力大幅提升；体育产业更大、更活、更优，成为国民经济支柱性产业；体育文化感召力、影响力、凝聚力不断提高，中华体育精神传承发扬；体育对外和对港澳台交往更活跃、更全面、更协调，成为中国特色大国外交和"一国两制"事业的重要方面。

到 2050 年，全面建成社会主义现代化体育强国。人民身体素养和健康水平、体育综合实力和国际影响力居于世界前列，体育成为中华民族伟大复兴的标志性事业。

二、战略任务

（一）落实全民健身国家战略，助力健康中国建设。

完善全民健身公共服务体系。充分发挥国务院全民健身工作部际联席会议作用，地方各级政府建立全民健身工作联席会议机制。紧紧围绕便民惠民，抓好全民健身"六个身边"工程建设。积极开展体育强省、全民运动健身模范市、全民运动健身模范县三级联创活动，逐步推动基本公共体育服务在地区、城乡、行业和人群间的均等化。推动全民健身公共服务资源向农村倾斜，重点扶持革命老区、民族地区、边疆地区、贫困地区发展全民健身事业。

统筹建设全民健身场地设施。加强城市绿道、健身步道、自行车道、全民健身中心、体育健身公园、社区文体广场以及足球、冰雪运动等场地设施建设，与住宅、商业、文化、娱乐等建设项目综合开发和改造相结合，合理利用城市空置场所、地下空间、公园绿地、建筑屋顶、权属单位物业附属空间。鼓励社会力量建设小型体育场所，完善公共体育设施免费或低收费开放政策，有序促进各类体育场地设施向社会开放。紧密结合美丽宜居乡村、运动休闲特色小镇建设，鼓励创建休闲健身区、功能区和田园景区，探索发展乡村健身休闲产业和建设运动休闲特色乡村。

广泛开展全民健身活动。坚持以人民健康为中心，制定并实施全民健身计划，普及科学健身知识和健身方法，因时因地因需开展全民健身活动，坚持大健康理念，从注重"治已病"向注重"治未病"转变。推行《国家体育锻炼标准》和《国家学生体质健康标准》，建立面向全民的体育运动水平等级标准和评定体系。大力发展群众喜闻乐见的运动项目，扶持推广各类民族民间民俗传统运动项目。建立群众性竞赛活动体系和激励机制，探索多元主体办赛机制。推进冰雪运动"南展西扩东进"战略，带动"三亿人参与冰雪运动"。

优化全民健身组织网络。发挥全国性体育社会组织示范作用，推进各级体育总会建设，完善覆盖城乡、规范有序、富有活力的全民健身组织网络，带动各级各类单项、行业和人群体育组织开展全民健身活动。组织社会体育指导员广泛开展全民健身指导服务，建立全民健身志愿服务长效机制。

促进重点人群体育活动开展。制定实施青少年、妇女、老年人、农民、职业人群、残疾人等群体的体质健康干预计划。将促进青少年提高身体素养和养成健康生活方式作为学校体育教育的重要内容，把学生体质健康水平纳入政府、教育行政部门、学校的考核体系，全面实施青少年体育活动促进计划。实行工间健身制度，鼓励和支持新建工作场所建设适当的健身活动场地。积极推进冰雪运动进校园、进社区，普及冬奥知识和冰雪运动。推动残疾人康复体育和健身体育广泛开展。

推进全民健身智慧化发展。运用物联网、云计算等新信息技术，促进体育场馆活动预订、赛事信息发布、经营服务统计等整合应用，推进智慧健身路径、智慧健身步道、智慧体育公园建设。鼓励社会力量建设分布于城乡社区、商圈、工业园区的智慧健身中心、智慧健身馆。依托已有资源，提升智慧化全民健身公共服务能力，实现资源整合、数据共享、互联互通，加强分析应用。

（二）提升竞技体育综合实力，增强为国争光能力。

完善举国体制与市场机制相结合的竞技体育发展模式，坚持开放办体育，形成国家办与社会办相结合的竞技体育管理体制和运行机制。创新优秀运动员培养和优秀运动队组建模式，建立向全社会开放的国家队运动员选拔制度，充分调动高校、地方以及社会力量参与竞技体育的积极性。综合评估竞技体育项目发展潜力和价值，统筹各项目发展，建立竞技体育公共投入的效益评估体系。

构建科学合理的训练体系。加强优秀运动队复合型训练团队建设，构建符合科学发展要求的训练体系。统筹国际国内体育科技资源，构建跨学科、跨地域、跨行业、跨部门的体育科技协同创新平台，加强科研攻关、科技服务和医疗保障工作。加大对训练基地科研、医疗、文化教育等支持，把若干现有基地建设成为世界一流的"训、科、医、教、服"一体化训练基地。

建立中国特色现代化竞赛体系。推进竞赛体制改革，建立适应社会主义市场经济、符合现代体育运动规律、与国际接轨的体育竞赛制度，构建多部门合作、多主体参与的金字塔式体育竞赛体系，畅通分级分类有序参赛通道，推动青少年竞赛体系和学校竞赛体系有机融合。深化全国运动会、全国冬季运动会、全国青年运动会改革。支持全国性单项体育协会举办高水平体育赛事活动，鼓励社会力量举办形式多样的系列赛、大奖赛、分站赛等。

做好 2020 年东京奥运会、残奥会和 2022 年北京冬奥会、冬残奥会备战参赛工作。在保持传统优势项目领先地位的基础上，做大做强基础项目；持续加大冰雪项目选材力度，恶补冰雪项目短板，不断提高冰雪竞技水平；扎实推进备战工作，全面加强科学训练、赛事平台建设、反兴奋剂、综合服务保障等工作，建立人才流动绿色通道；打造能征善战、作风优良的一流队伍，确保在 2020 年东京奥运会、残奥会上取得运动成绩与精神文明双丰收，在 2022 年北京冬奥会上实现全项目参赛，取得我国冬奥会和冬残奥会参赛史上最好成绩。

全面推动足球、篮球、排球运动的普及和提高。积极探索中国特色"三大球"发展道路，构建政府主导、部门协同、社会力量积极参与的"三大球"训练、竞赛和后备人才培养体系。加强国际交流与合作，强化科技助力，提高"三大球"训练、竞赛的科学化水平。挖掘"三大球"项目文化，提高大众的认知度和参与度。

推进职业体育发展。鼓励具备条件的运动项目走职业化道路，支持教练员、运动员职业化发展，组建职业联盟。完善职业体育俱乐部法人治理结构，加快俱乐部现代企业制度建设。建立体育经纪人制度，积极探索适应中国国情和职业体育特点的职业运动员管理制度。完善职业体育联赛体制机制，充分发挥俱乐部的市场主体作用，培育形成具有世界影响力的职业联赛。

（三）加快发展体育产业，培育经济发展新动能。

打造现代产业体系。完善体育全产业链条，促进体育与相关行业融合发展，推动区域体育产业协同发展。加快推动互联网、大数据、人工智能与体育实体经济深度融合，创新生产方式、服务方式和商业模式，促进体育制造业转型升级、体育服务业提质增效。

激发市场主体活力。支持体育用品研发设计、生产制造和示范应用，引导企业加大自主研发和科技成果转化力度，开发科技含量高、拥有自主知识产权的产品，支持可穿戴运动设备和智能运动装备的研发与制造，显著提升体育用品供给能力。打造一批具有国际竞争力的知名体育企业和具有国际影响力的自主体育品牌，支持优势企业、优势品牌和优势项目"走出去"。完善健身教练、体育经纪人等职业标准和管理规范。扶持体育培训、策划、咨询、经纪、营销等企业发展。鼓励大型健身俱乐部跨区域连锁经营，鼓励大型体育赛事进行市场开发，支持成立各类体育产业孵化平台。

扩大体育消费。广泛开展群众性体育活动，增强体育消费黏性，丰富节假日体育赛事供给，激发大众体育消费需求。拓展体育健身、体育观赛、体育培训、体育旅游等消费新空间，促进健身休闲、竞赛表演产业发展。创新体育消费支付产品，推动体育消费便利化。支持各地创新体育消费引导机制。

加强体育市场监管。完善体育市场监管体制，推进综合行政执法。充分发挥法律法规的规范作用、行业协会的自律作用、市场的配置作用、公众和舆论的监督作用，促进体育市场主体自我约束、诚信经营。推进体育行业信用体系建设，完善体育企业信息公示制度，强化体育企业信息归集机制，健全信用约束和失信联合惩戒机制。

（四）促进体育文化繁荣发展，弘扬中华体育精神。

大力弘扬中华体育精神。深入挖掘中华体育精神，将其融入社会主义核心价值体系建设，精心培育和发展体育公益、慈善和志愿服务文化。完善中国体育荣誉体系，鼓励社会组织和单项体育协会打造褒奖运动精神的各类荣誉奖励。倡导文明观赛、文明健身等体育文明礼仪，促进社会主义思想道德建设和精神文明创建。

传承中华传统体育文化。加强优秀民族体育、民间体育、民俗体育的保护、推广和创新，推进传统体育项目文化的挖掘和整理。开展体育文物、档案、文献等普查、收集、整理、保存和研究利用工作。开展传统体育类非物质文化遗产展示展演活动，推动传统体育类非物质文化遗产进校园。

推动运动项目文化建设。挖掘体育运动项目特色、组织文化和团队精神，讲好以运动员为主体的运动项目文化故事。培育具有优秀品德和良好运动成绩的体育明星，组织运动队和体育明星开展公益活动。以各类赛事为平台，举办以运动项目为主要内容的文化活动、文化展示。以 2022 年北京冬奥会和冬残奥会筹办为契机，弘扬冰雪运动项目文化。

丰富体育文化产品。实施体育文化创作精品工程，创作具有时代特征、体育内涵、中国特色的体育文化产品，鼓励开展体育影视、体育音乐、体育摄影、体育美术、体育动漫、体育收藏品等的展示和评选活动。

（五）加强对外和对港澳台体育交往，服务中国特色大国外交和"一国两制"事业。

构建体育对外交往新格局。深化与亚洲各国尤其是周边国家的体育交流合作，务实推进与欧美发达国家的体育互利合作，巩固和发展与非洲和拉美国家的体育友好关系。引导、支持和鼓励体育类社会组织、体育明星、大众媒体、体育企业、海外华侨等在体育对外交往活动中发挥作用。

加强与重点国家和地区体育交流合作。积极参与政府间人文交流活动，扎实推进共建"一带一路"、金砖国家、上海合作组织等多边合作框架下的体育交流活动。制定实施共建"一带一路"体育发展行动计划，积极搭建各类体育交流平台，鼓励丰富多样的民间体育交流。推动与共建"一带一路"国家在体育旅游方面深度合作，打造"一带一路"精品体育旅游赛事和线路。

提升中国体育国际影响力。实施中华武术"走出去"战略，对标奥运会要求，完善规则、标准，力争武术项目早日进入奥运会。通过孔子学院和海外中国文化中心等平台，推动中国传统体育项目的国际化发展。拓展对外传播优势平台，加强与国际体育组织的交流合作，扩大我国在国际体育事务中的影响力和话语权。

深化对港澳台地区体育交流合作。积极开展内地与港澳体育交流合作，支持港澳体育事业发展。邀请港澳相关人士参加和观摩全国综合性运动会。支持港澳申请和举办国际体育赛事。积极稳妥地开展两岸体育交流合作，强化两岸体育交流机制。坚持在"奥运模式"框架内，妥善处理国际体育活动中的涉台问题。

三、政策保障

（一）加强组织领导。 体育、发展改革、财政、税务、人力资源社会保障、公安、教育、文化和旅游、卫生健康、科技、民政、外交、住房城乡建设、自然资源、农业农村、残联等部门和单位要建立目标任务分解考核和动态调整机制，确保体育强国建设目标如期完成。进一步转变政府职能，充分调动社会力量，构建管办分离、内外联动、各司其职、灵活高效的体育发展新模式，实现体育治理体系和治理能力现代化。

（二）**加大政策支持力度。**完善公共财政体育投入机制，多渠道筹措资金支持体育强国建设。合理划分地方各级政府在体育领域的财政事权和支出责任，明确地方主体责任。加大政府性基金与一般公共预算的统筹力度。加大政府向社会力量购买公共体育服务的力度。落实体育税费政策，加强对政策执行情况的评估督查。将全民健身场地设施纳入各级政府经济社会发展规划和各级国土空间规划，统筹考虑全民健身场地设施、体育用地需求，建立社区全民健身场地设施配建标准和评价制度。研究完善建设用地标准，在国家土地政策允许范围内，保障重要公益性体育设施和体育产业设施、项目必要用地，并依法依规办理用地手续。

（三）**促进区域协调发展。**积极推进京津冀、长三角、粤港澳、海峡西岸等区域内体育协调发展。加快在海南建设国家体育训练南方基地和国家体育旅游示范区。挖掘中西部地区独特的体育资源优势，形成东、中、西部体育良性互动格局。丰富革命老区、民族地区、边疆地区、贫困地区群众的体育生活，做好体育援疆、援藏工作。

（四）**加快体育人才培养和引进。**制定全国体育人才发展中长期规划，实施高层次人才培养专项计划。建立健全适应体育行业特点的人事制度、薪酬制度、人才评价机制。选派重点项目、重点领域专业人才出国（境）培训、留学，支持与海外高水平机构联合培养体育人才。开展体育引智工作，加大人才引进力度。

（五）**推进体育领域法治和行业作风建设。**推动《中华人民共和国体育法》修订，加快体育领域相关法规文件立改废释工作。深化体育领域"放管服"改革，精简行政审批事项，加强对体育赛事、体育市场经营等活动的事中事后监管，不断优化服务。强化体育执法，建立体育纠纷多元化解机制。深入开展赛风赛纪和反兴奋剂专项治理。加强运动队党建和运动员、教练员思想政治工作。加强运动员职业道德教育和文明礼仪修养。各类体育协会要加强行业自律，引导行业健康发展、企业规范经营。

（六）**加强体育政策规划制定等工作。**制定全民健身、竞技体育、体育产业等领域以及包括"三大球"在内的各运动项目发展规划。全面推进体育标准化建设，重点推进基本公共体育服务建设以及运动水平、赛事活动、教育培训等体育服务领域的规范和标准制修订。进一步完善体育事业和体育产业统计制度。推进体育信息化建设。加强体育基础理论研究，为体育强国建设提供理论支持和决策参考。

附录五　《体育与健康》教学改革
指导纲要（试行）

为贯彻落实习近平总书记在全国教育大会上的讲话精神，落实中共中央办公厅、国务院办公厅《关于全面加强和改进新时代学校体育工作的意见》和体育总局、教育部《关于深化体教融合促进青少年健康发展的意见》，进一步深化体育教学改革，指导全国中小学体育教师科学、规范、高质量地上好体育课，更好地帮助学生在体育锻炼中"享受乐趣、增强体质、健全人格、锤炼意志"，促进青少年学生身心健康全面发展，特制定本纲要。

一、总体要求

（一）指导思想

以习近平新时代中国特色社会主义思想为指导，全面贯彻党的教育方针，落实立德树人根本任务，树立"健康第一"教育理念，深化体育教学改革，强化"教会、勤练、常赛"，构建科学、有效的体育与健康课程教学新模式，帮助学生掌握1至2项运动技能，促进中小学生运动能力、健康行为、体育品德等核心素养的形成，为实现"健康中国""体育强国"作出体育学科的贡献。

（二）改革内容

通过深化体育教学改革，转变教学观念，全面把握"教会、勤练、常赛"的内涵与要求，使其成为常态化、规范化、系统化的教学组织模式。打造高质量体育课堂，使学生在"知识、能力、行为、健康"诸方面得到全面提升。明确学生各学段特点与发展需求，使体育教学内容更加富有逻辑性、系统性和衔接性。根据各学段教学目标，合理选择多元化教学模式和多样化组织方式，因地制宜、因材施教，增强体育教学方式改革的有效性、可行性。采用科学、操作性强的发展性评价指标体系，让体育学业质量评价更加具体、客观，建立"以评价促发展"的新生态。优化组织管理，建立健全保障机制，形成教育行政部门、学校领导、教师与家长齐抓共管"以体育人"的新格局。探索建立学生体育学习过程管理长效机制，树立体育教学管理务实创新的新形象，全面促进体育教学改革。

（三）改革目标

——享受乐趣。在体育教学活动中注重增加游戏与比赛等竞争要素，让学生在体育锻炼中享受竞争与表现的乐趣，实现从激发兴趣到形成志趣、享受乐趣的层层深入。通过组织游戏、增加竞赛、丰富内容、鼓励自主等方式，提高学生锻炼的积极性、主动性、自觉性和持久性，帮助学生有效锻炼、掌握技能、提高能力、体验成功，使其真正能够乐在其中。

——增强体质。重视在体育教学中强化锻炼、增强学生体质，要加强"勤练"，在基本运动技能的锻炼中不断发展学生的速度、力量、耐力、柔韧、灵敏、协调、平衡等身体素质。要根据不同年龄、性别、教材、课型、场地、气候等科学安排运动强度，合理设计练习密度，针对学生素质发展敏感期合理组织学、练、赛，科学推进基本运动技能"课课练"活动。要通过高质量组织课堂教学，课内外相关联开展大课间、课外体育活动、校外体育锻炼等，有效增强学生体质。

——健全人格。通过在体育教学过程中渗透社会主义核心价值观教育，培养学生的爱国情怀、社会责任感和良好的个人品质。全面把握体育的"育体、育智、育心"综合育人的价值，通过全员参与的体育竞赛活动，培养学生的集体荣誉感，塑造活泼开朗、与人为善、团结协助、遵守规则等良好品格，促进学生身心健康与人格健全。

——锤炼意志。通过体育课、体育训练和体育竞赛活动培养学生不畏困难、不怕吃苦、不惧失败的意志品质。精心设计有一定强度、一定难度的运动技能学习，培养学生吃苦耐劳、坚持不懈等优良品质，要通过组织教学比赛和竞技比赛，不断培养学生顽强拼搏、积极进取、勇敢坚毅等坚强意志。

二、主要任务

（一）更新教学观念

改变单一学习知识或某项技术的现状，从综合育人、培养体育核心素养的高度和体育课程一体化的思路，强化"教会、勤练、常赛"过程与结果，有效促进体育教学改革目标的达成。注重学科融合与课程思政，在中华优秀体育文化传承的同时，鼓励适当在体育教学中开展情境式跨学科主题教育教学活动，促进综合育人目标的实现。将"以教定学"观念转向"以学定教"，充分把握学情，注重个体差异，合理把握教师的主导作用和学生主体作用的有效发挥，促进每一个学生的健康发展。

（二）优化教学内容

积极消除体育课程教学长期存在的繁（项目繁多）、浅（蜻蜓点水）、偏（缺乏系统）、断（学段脱节）现象，组织开展逻辑清晰、系统连贯的结构化内容体系的教学。重点教会学生健康知识、基本运动技能和专项运动技能。其中，健康知识与基本运动技能作为体育课必修必学内容要在中小学广泛开展，专项运动技能作为必修选学内容，中小学校结合实际有选择地开展。

健康知识主要是中小学各学段应知应会的健康行为与生活方式、生长发育与青春期保健、心理健康、传染病预防与公共卫生事件应对、安全应急与避险等五个领域的内容，每个学段的健康教育教学工作，要基于本学段各年级应掌握的健康知识内容创新组织健康教育活动，为良好健康行为的形成和有效促进健康打下坚实的基础。

基本运动技能主要是中小学生在行走、奔跑、跳跃、投掷、滚翻、攀爬、钻越、支撑、悬垂、旋转等方面的动作发展内容，各学段基于学生动作发展和体能发展规律，各类动作在不同学段按照难度和锻炼方式进阶，形成各学段相对固定的基本运动技能锻炼内容，通过锻炼使学生在不同学段都具有相应的基本运动能力水平，有效呈现螺旋上升的基本运动技能教学特点，为日常生活和专项运动技能的学习奠定扎实的基础和提供重要的保障。

专项运动技能包括足球、篮球、排球、田径、游泳、体操、武术、冰雪运动等专项运动的单个和组合技能，各学校可以根据本校实际、师资力量、学生需求等，有选择地在教学中开展。各专项运动技能的教学，依据专项运动固有的难度和自身的特征，按结构化的方式将每个专项运动划分为多个模块和单元开展教学，学生对各模块和单元逐一进行递进式学习。专项运动的各模块和各单元之间要有进阶性，完成一个模块和单元的学习并经考核合格后，进入下一个模块和单元的学习，以此类推，呈现出更加富有逻辑性、衔接性的专项运动技能学习。

健康教育每学期 4 课时，按照各学段规定应学习的健康知识，参考健康教育教学指导，有效组织教学工作。体育课的时间中小学一节 40（或 45）分钟，每节课应该包括 10 分钟左右的基本运动技能、20 分钟左右结构化运动技能学练及组织对抗性比赛和放松拉伸等。

（三）创新教学过程

打破传统的体育课堂教学组织形式的局限性，积极探索与适当增加"体育选项走班制"教学组织形式。义务教育阶段，在原有按"行政班级授课制"完成必修必学内容学习的基础上，小学高年级可增加学生的自主选择性，选择自己喜爱的运动项目进行学习，有条件的学校可采用"体育选项走班制"组织教学。初中在"体育选项走班制"的基础上，可适当增加"体育俱乐部制"，丰富完善组织形式，提高学生的参与兴趣，加强必修选学内容的学习。高中以"体育选项走班制"为主，通过"体育俱乐部制"组织形式，满足学生的运动兴趣和专项化发展需求。形成一校多品、一生一长的体育教学改革实效。

全面把握"教会、勤练、常赛"一体化系统性教学思路与方式，实施更有效的教学，全面提高教学质量。其中，"教会"，要遵循体育教育规律，结合学生发展特点与水平，合理把握循序渐进、因材施教、分层教学，教会学生健康知识、基本运动技能与专项运动技能，教会的程度依据学段目标不同而确定，最终达到学生能够在日常生活或比赛场景中灵活自如地运用；"勤练"，把握运动技能形成规律，结合不同项目、不同班额、不同场地器材条件等合理把握练习密度和运动强度，提高学生的运动效果。结合不同学段学生特征，组织练习的方式应体现小学基础期趣味化、初中发展期多样化、高中提高期专项化等特点。课内外与校内外练习都要注重时间充足、形式新颖、准确有效、安全保障，注重在锻炼中享受乐趣、增强体质。"常赛"，面向全体学生，根据体育教学内容合理组织每堂课上的教学比赛，结合体育课堂教学组建班队，要周周打比赛，周六周日可组织全校体育比赛，以赛促练，掀起体育锻炼的浪潮，使学生享受竞赛乐趣、更加牢固地掌握专项运动技能，培养学生的体育与健康素养。在此基础上组建校队，参与区县、地市、省等多级联赛，同时，通过比赛发现具有运动天赋的学生，注重培养其发展体育特长，为竞技体育输送人才。

（四）完善教学评价

丰富评价内容，倡导开展多元性评价，注重对学生语言表达（是否能说出）、动作表现（是否能做对）、能力体现（是否能会用）等的多方面检验，完善评价方式，提升评价效果。

打破以往只对运动技术、体质健康等某一方面的评价，要更加注重"知识、能力、行为、健康"综合评价指标体系的建立。为增加评价方式的便捷性、评价结果的精准性，鼓励引入人工智能等评价方式。

改进知识评价。主要是对体育知识、健康知识等的评价，建立知识测评题库，通过试卷纸笔测试、线上网络测试、随堂口头测试、组织开展活动测试等相结合的方式实施。小学侧重情境式测试，初中和高中可多采用主题式测试。

突出能力评价。主要包含基本运动能力评价和专项运动能力评价。基本运动能力评价按照各学段必修必学的基本运动技能确定评价内容；专项运动能力评价可依据专项运动技能学习结构化内容确定评价内容，特别要注重对学生运用知识的能力以及比赛能力的评价。

完善行为评价。注重对学生健康行为和良好品德的评价，鼓励利用大数据平台实施体育家庭作业制度，重点评价学生体育锻炼行为与习惯的养成，实现对日常锻炼情况的过程性评价；通过组织各项体育比赛，充分把握学生的品德，尤其要强化团结协助、勇于拼搏等优良品格的评价。

强化健康评价。对标《国家学生体质健康标准》，通过精准监测各学段学生对应的体质健康指标，评价中小学生的体质健康水平，及时向家长反馈，便于做好家校联合，共同促进学生的健康成长。

三、组织保障

（一）组织管理

为深化体育教学改革，省级教育行政部门要做好本省中小学体育教学改革落实方案，完善体育教学工作的顶层规划，明确工作任务、人员配备、责任分工、条件保障、经费投入、推进实施等，督促中小学开展高质量体育教学工作。地市、区县教育主管部门和学校等层层建立学校体育组织领导机构，教育主管部门一把手、学校校长等牵头，主管学校体育的领导具体落实，形成扎实推进体育教学改革的组织领导管理机制。教育行政部门组织领导和专家，及时对体育教学工作实施督促和检查，便于及时总结经验，整改教学问题。鼓励各级教育主管部门组织开展基于推进体育教学改革的优秀课例展示与研讨，加强组织培训工作等，助推体育教师的教育教学能力提升，促进其专业发展，不断提高体育教学水平和过程管理水平，提升体育教学质量。

（二）课时保障

为保障体育教学质量，促进学生全面发展，将开齐开足上好体育课落到实处，在基本保障小学1—2年级每周4节体育课，小学3年级以上至初中每周3节体育课，高中每周2节体育课的基础上，鼓励中小学各学段根据学校实际适当增加每周体育课时，义务教育阶段可每天1节体育课，高中阶段保障每周3节体育课以上。

（三）师资保障

强化师资队伍建设，配齐配足各级教研员，发挥重要的体育教学改革指导作用。按需引进体育师资，尤其是高校优秀体育毕业生和优秀退役运动员等要充实到体育教师和教练队伍中，积极吸纳社会力量，通过购买服务，引入社会体育机构有资质的专业教练，补充专项体育教学与训练所需的师资，保障学校体育教学与训练工作持续有序开展。注重对体育教师的师德培养，关心体育教师的身心健康，保障体育教学工作有质有量。体育教师教学工作强度和工作量要合理安排，有条件的学校，在教师人数充足的情况下，可适当缩小体育课教学班额，中小学体育教师每周基本教学工作量保障 12 课时，并将组织大课间、带队训练、指导比赛、体质监测等活动计入教师工作量。强化体育教师专业素养提升，系统规划对体育教师分层分类培训，每位教师每年要参与不低于 1 次的培训活动，通过强化培训，逐步提高全体体育教师的专业化水平和教育教学能力。通过培训准确把握改革方向，深刻理解和实施"教会、勤练、常赛"的具体要求，更加合理有效地组织体育课堂教学。关注农村体育教师的发展，通过送教下乡、城乡结对、连片教研等活动切实帮助农村体育教师成长。注重兼职体育教师的专业素养提升，通过加强基础性与专项化相结合的培训，不断提升兼职教师对体育课堂的驾驭能力，从而提高教学质量。加强教研平台的建设，强化体育教研活动，推动体育教师教科研能力的全面提升，更好地推进新时代体育教学改革。

（四）场地器材

优先发展学校所开设的"一校多品"运动项目的场地器材，满足选项教学需求。在基本保障正常体育教学工作需要的基础上，鼓励有条件的学校修建体育场馆或风雨场地，确保风雨雪霾天气能够正常开展体育教学工作和课外体育锻炼。配备符合学生年龄特点、发展水平和质量标准的体育器材。确保场地器材有效安全地使用和促进健康，坚决杜绝一切危害师生健康的场地器材在体育教学中使用。积极开发社会体育资源，鼓励社会体育场馆免费或低消费向学校开放，适当解决学校体育场地不足的问题，确保体育教学质量稳步提升。

四、督导评价

（一）加强对教育行政部门的督导评估

将对地方教育行政部门执行体育教学改革的情况进行督导评估,包括落实体育教学改革指导性文件的下发,落实体育教学改革具体方案的研制,督导和检查机制的建立,具体落实对学校体育工作的支持力度和达到的体育教学改革成效等纳入对教育行政部门的督导评估。

（二）强化学校落实学校体育教学改革的主体责任

将学校体育教学改革组织领导机构的建立,体育课在开足开齐上好等方面的改进与落实情况,配齐配强体育教师方面的突破性进展,体育经费的保障情况,场地器材的建设与改善情况,体育教师的培训情况,体育教师教学工作量的落实情况等纳入学校落实体育教学改革主体责任的主要内容。

（三）注重教师实施体育教学改革的过程与结果

将体育教师对"教会、勤练、常赛"的理解和把握,灵活驾驭体育课堂的能力改善情况,体育教师的专业素养与师德风范的提升水平,体育教师实际参与培训情况,尤其是培训后教育教学能力提高程度,体育教师基于新形势、新理念对系统性"全面育人"的把握情况等纳入体育教学改革的过程与结果的主要内容。

（四）强调学生达成体育教学改革的目标与效果

将体育教学改革在促进学生"享受乐趣、增强体质、健全人格、锤炼意志"的目标达成情况、核心素养培育情况,尤其是学生体育兴趣产生的程度、体质健康水平改善的幅度、健全人格培养的宽度和锤炼意志达到的深度纳入学生达成体育教学改革的目标与效果的主要内容。

五、工作要求

（一）确定试点。各地要及时确定实施体育教学改革试点的范围，并组织进行教师培训和完善保障条件。实行教改的具体方案和实施范围报教育部体育卫生与艺术教育司。

（二）教改培训。教育部体育卫生与艺术教育司将根据各地试点方案和范围，在暑假期间组织教学改革师资培训和组织实施培训，并提供相关技术资源。